千年銀河路

橫跨法國、西班牙1500 公里
徒步朝聖之旅

劉麗玲 ——— 文字及攝影
車菲力 ——— 攝影

各方 KOL 好評推薦

這趟旅程，越到後面越教人懷疑其意義何在

Banbi 斑比

修道院過夜和徒步完成夢想的勇氣實在讓人佩服和感動，也願將這樣的書推薦給大家。

Yuily 遊歷

我們不用曝曬在豔陽下便能隨著麗玲溫柔細膩的文字，一點一點地前進朝聖，她將路途上看似平淡無奇的瑣碎，與形形色色的人的相遇，交織串連成一幅色彩繽紛鮮明的畫，而這幅畫的主題叫做「人生」。

以身嗜法。法國迷航的瞬間

近期閱讀作品中最溫柔的筆鋒。每年有二十萬朝聖者的一千五百二十二公里步道，不只是一座座小鎮，也是一段段心境，一次次相遇，一遍遍自省。作者文字觸動人心，引領讀者穿梭於千年歷史與文物景色。是一場真實的心靈洗禮。

奶茶團長 Difeny

每每閱讀一個朝聖者的文字，猶如隨同再次踏上 Camino 一樣身歷其境！

這是一篇簡單好閱讀入手的朝聖紀錄，每一個人的人生旅程，都有這麼一段澄澈、這麼一段苦處、這麼一段出脫、這麼一段重新來過！麗玲的文字平實而有溫度，一個旅居法國的遊子，心繫著台灣而踏上朝聖路的轉折，用精準的文字、親身的經歷，誠實面對自己的心境、與朝聖路上每一處的共鳴。特別是看著每一段徒步者身體與心靈拉扯的瞬間，歷歷在目的每一個當下的紀錄，都是生命最美的故事。「¡Buen Camino！每一個人的生命，也都是一條朝聖之路，而凡丟給宇宙的訊息，都會得到回應！」

生活美學作家　吳娮翎

走過朝聖之路的人，每一步都是刻在心裡的回憶，這本書給想出發的人，一點出發的勇氣。

法國的十萬個為什麼

每個人都在自己的朝聖之路上——充滿遺失與尋獲、受傷與療癒、相逢與道別。作者以幽默的筆調描繪過程中的艱辛和喜悅，帶領讀者走過這一段崎嶇卻也溫馨無比的旅途，並在風景最後，窺探與內心的和解。

背包旅人　藍白拖

作者分別用三個夏天，共徒步八十八天完成朝聖之旅，他們教會我人生就是要來來回回，夢想也是可以分期完成。

旅行作家　陳浪

旅行的意義，難以定義，因為每個人在面對漫漫長途時，都擁有著自己的速度。倘如不過度追求抵達，而將重點放在過程，那麼慢下來，靠雙腳去履行旅行，我們也才能真正地明白，自己為何而來，又為何而去。

旅行沙舟　張J

中、法語皆通的作者，與法籍丈夫相偕走過的朝聖路，不僅僅留下腳印，更深深地嵌入於途中的文化交融裡。帶著既多元又在地的獨特視角，在這悠長而深遠的路途上，灑落清麗細膩的文字。

凱西女孩去旅行

讀完《千年銀河路》，作者溫暖真誠的文字，彷彿帶著我重回到朝聖之路，重疊的路線卻又多了不同的感動。

逮丸女森 Michelle

一千五百公里的步行，與不間斷記錄腳下故事的毅力，在社群發達的年代更顯得以文字紀錄旅行的筆者更加珍貴。人生可以平淡走過，也可以精彩活過，但我想若能用各種形式尋找活

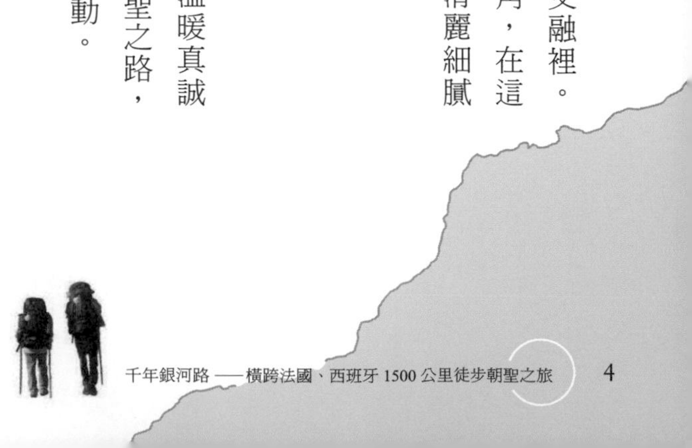

著的奧義，即使路途遙遠、艱辛，都值得為人生增添一抹色彩，如同筆者帶上真誠與好奇，從苑裡出走到世界漫遊，記錄每趟旅程的美麗片刻。

節目主持人　吉雷米

因為我們也是台法夫妻，有同樣的朝聖之路經歷，讀來特別有感，雖然我們走的是不一樣的路線，但是相同的是一樣感動。每個人都可走自己的朝聖之路，就像縮小的人生，一路上會有悲歡離合，緣來緣去，日換星移，時間不夠先翻翻這本書感受歷程，時間夠再撥點時間給自己去踏上旅程，相信會走出您自己的故事。

融融歷險記 Ben's Adventure

看著這本書的時候，我也正在徒步環島的路上。每一步看似簡單的步伐，風吹日曬雨淋，都是一場與自己的對話。在路上遇到的每一個人都有一個故事，透過作者的文字，朝聖者之路上的每一站都像幻燈片一樣在腦中留下深刻的印象。

序

當眼淚不肯停抑

各位翻開了這本書的朋友們，其實，這趟旅程，越到後面越教人懷疑其意義何在。

以我自己而言，三年夏天的珍貴假期，八十八天的步行行程，一千五百二十二公里的實際路途，掉了三片腳指甲外加無數水泡的煎熬，我曾經不只一次地問自己：這一切有什麼價值？更何況又不是天主教徒，台灣娘家是媽祖信仰，爸爸甚至當過「爐主」，「乎媽祖做子」的虔誠信徒，為什麼踏上一條天主教的千年朝聖步道呢？

走在朝聖步道上的我，覺得自己只是來健行運動，以夏天的邁步舉踏來彌補一年的伏案工作，運動不足的日常生活。走得完一千五百多公里，是因為夫妻兩人都有「事情開了頭，就要完成」的個性。

「就是這樣吧？」在第三年的旅程中，走在西班牙亮到發白的陽光下，全身宛若一株乾草，襯衫被曬到結出汗鹽白漬，我咬著乾焦脫皮的嘴唇，滿腦昏脹地反問自己。

腳下是令人走到生厭的西班牙筆直土路，頭上是霸氣襲人的強光日照，缺水成團的腦筋卻還會想到遠在一萬公里外的娘家。當下此刻弟弟妹妹們都正在為事業而奔忙勞動，身為大姊，那擺脫不去的世故人情又一次在心頭咬嚙。

是啊！嫁到國外，又不用上班，每一項對慵懶生活的定義條件都成立了，不容人辯駁。羞羞澀澀地孵著一個寫作夢，揮筆如鋤卻才情不足，「草盛豆苗稀」的園子裡，好不容易「種」出一本書，版稅還比不上十多年前的一個月薪水。

挫敗又卑微，就是我不願意承認的心情寫照。世界在變大，自己在變小。沒有收入、固定收入、可觀的收入，原來可以把一個人擠壓到邊角去。

離開自己國家的公立教職，陪伴外籍丈夫奮鬥了七年得到正式職位，這一條當年被眾人視為極魯莽危險的路途，走到現在，看來似乎有了一個可以告慰家鄉父老的結局。可是，我卻經常有意無意地在心裡替自己穿上一件「犧牲者」的外衣。

「啊！我以前可是會買香奈兒五號的人呢！」在婆家家族聚會時，故作輕盈地調侃自己的丈夫：「現在呢？大背包！」

一廳的哄笑聲中，我卻隱然察覺自己身體內浮現的幽微酸澀，有一部份的肌肉僵硬地想要撐持住什麼。自憐是安慰自己的捷徑，雖然什麼問題都解決不了，可是因為裹了一層糖，裡頭的酸苦也就可以一口吞下了。

日子還是要明亮下去，就像西班牙永不熄滅的陽光一樣。

可是直到現在，我還是無法忘記，在聖地雅各大教堂參加朝聖彌撒後，排了長長的隊伍，進入窄仄的神龕後部，從背後擁抱聖雅各高大金身的那一瞬間，我竟然彷彿被電觸一般，無法自控地哭泣起來。從心底最隱密晦暗處噴濺而出的巨大悲愴，熔漿一般地上升竄冒，擠破了看似安穩的生活表層。無聲的淚水湧現滲流至鼻腔、口腔，我一邊吞著眼淚的鹹味，一邊喃喃地對金像說著只有自己聽得見的話語。

這一場大哭，給了這趟旅程一個答案。

親愛的讀者朋友們，感謝您願意聆聽，我想跟您分享的是，我用雙腳學習了一件事——聖地雅各，是一個讓人可以去傾瀉淚水，而且毫無畏懼的地方；是一個這輩子值得去大哭一場的所在。

自古相傳的朝聖者形象（樂普依翁韋萊）

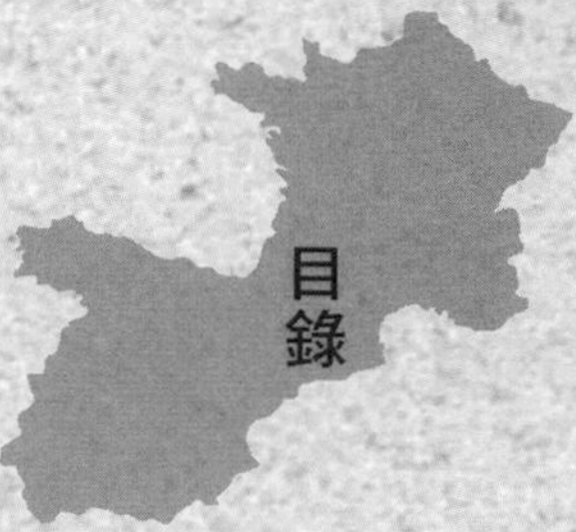

目錄

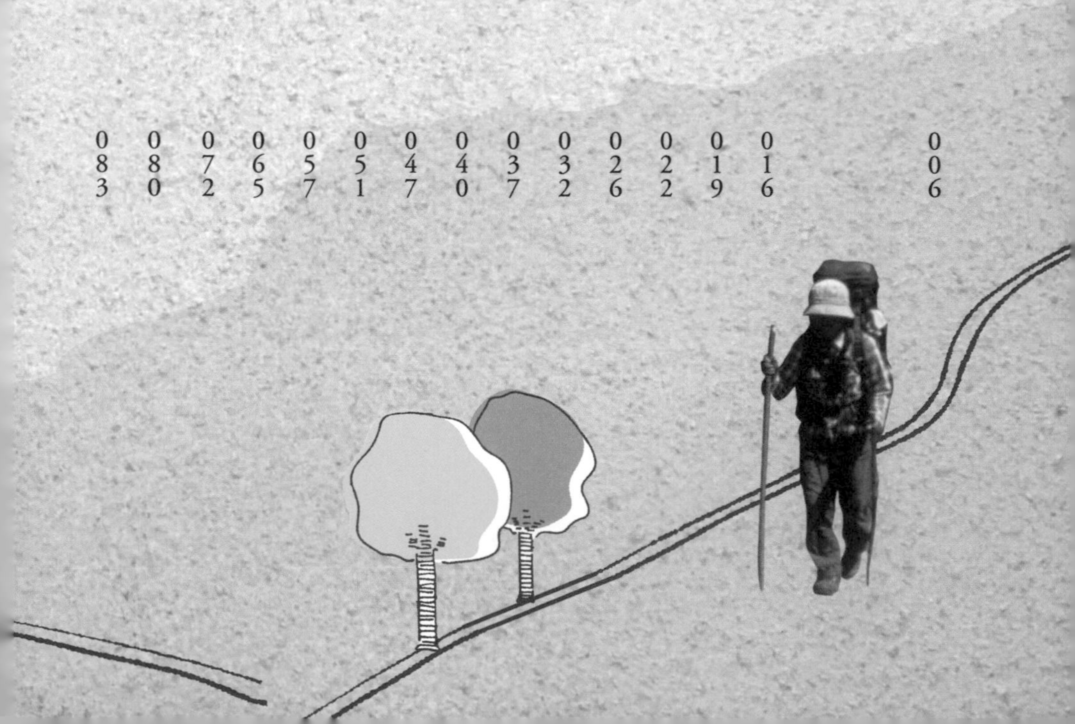

第二年

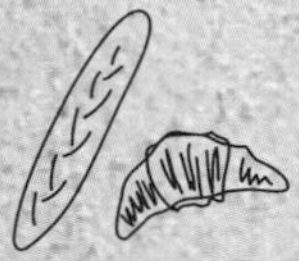

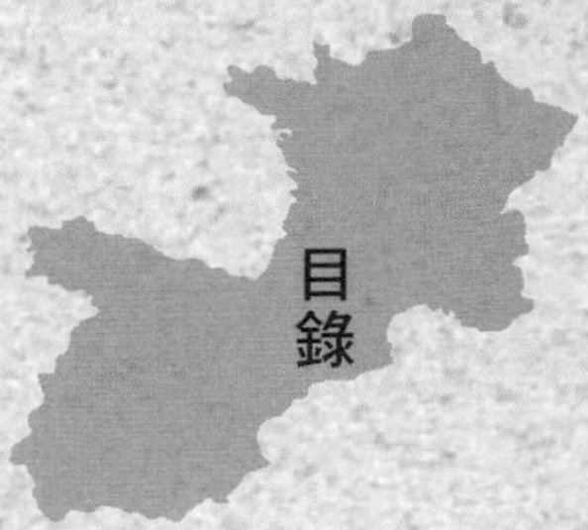

目錄

第三年

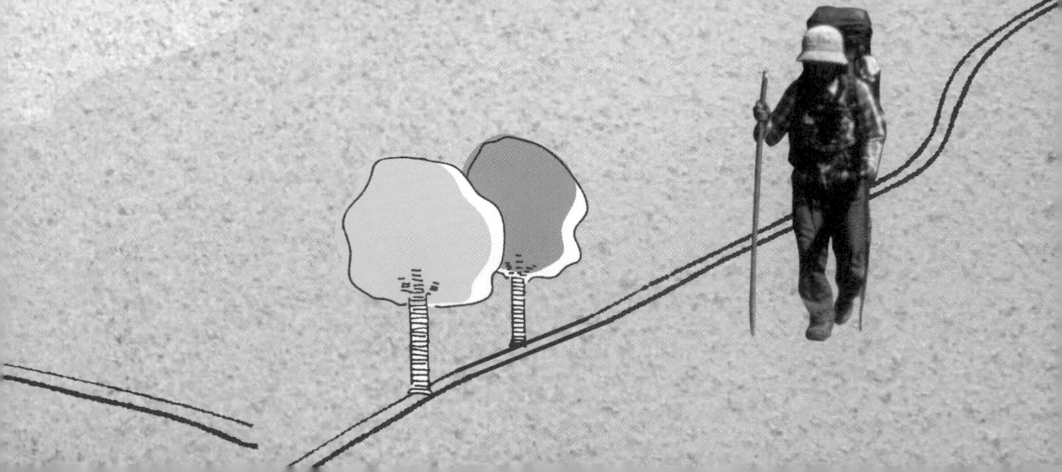

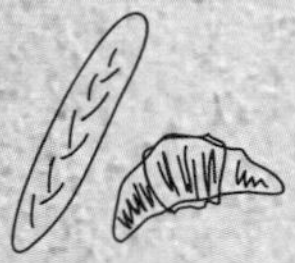

The
First Year
第一年

朝聖路線

巴黎
法國
聖地雅各
Santiago de Compostela
樂普依
Le Puy-en-Velay
葡萄牙
安道爾
馬德里
西班牙

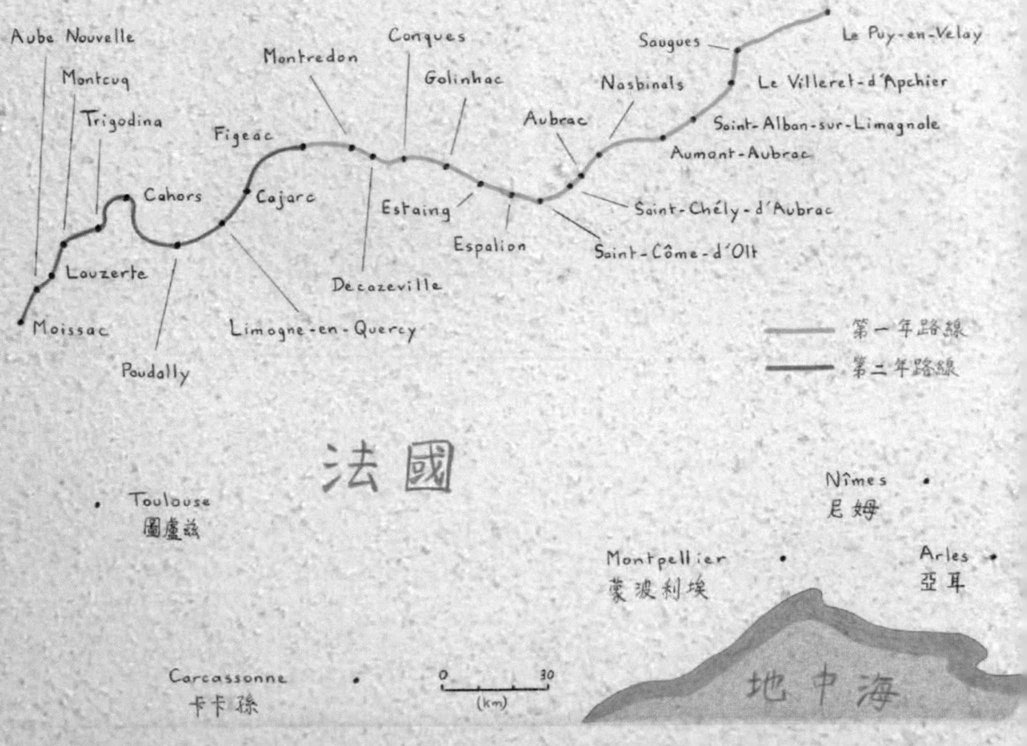
Aube Nouvelle
Montcuq
Trigodina
Montredon
Conques
Golinhac
Figeac
Saugues
Le Puy-en-Velay
Nasbinals
Le Villeret-d'Apchier
Aubrac
Saint-Alban-sur-Limagnole
Aumont-Aubrac
Cahors
Cajarc
Estaing
Saint-Chély-d'Aubrac
Espalion
Saint-Côme-d'Olt
Lauzerte
Decazeville
Moissac
Limogne-en-Quercy
Poudally
第一年路線
第二年路線
法國
Toulouse
圖盧茲
Nîmes
尼姆
Montpellier
蒙波利埃
Arles
亞耳
Carcassonne
卡卡孫
0
30
(km)
地中海

法國・樂普依翁韋萊

在遙遠的地方留下家鄉的名字

手握著筆，宛若第一次學寫字的孩子一樣，我在樂普依翁韋萊（Le Puy-en-Velay）聖母大教堂的朝聖者名冊上，一筆一畫慎重地寫下家鄉的拼音名字。

每一個決心要踏上這條朝聖步道的人，都可以在此留下姓名等基本資料，其中包含居住地和國名。在菲力寫下我們現住的城市名字後，我突然萌發一個念頭。

始建於十一世紀，在羅曼風格中又融合了阿拉伯及拜占庭建築特色的樂普依翁韋萊聖母大教堂。

由聖母大教堂遠眺一路前伸的步道，承載了所有朝聖者眼光的步道。

「我想寫苑裡，大概還沒有苑裡人在這裡出現過。」偏頭一想，「這樣子，將來在統計的年度朝聖者名冊上，就會有一個台灣苑裡人。」

其實，十六歲就離家讀書的人，家鄉不家鄉，還不是因為有父母住在那裡，我以前總是這樣想。

苑裡、新竹、台北、宜蘭、埔里、台中、東京、巴黎、里爾，九個地名，九段人生光影的浮現沉寂，而出生地，是一個起始按鈕。以前申請巴黎語言學校的學生簽證時，總不懂法國人為何要求出生地證明，還惹得老家小鎮戶政事務所的辦事人員一頭霧水地猜測。

「很少聽說咧！」一邊影印具有助產士簽章的薄紙文件，一邊轉頭來說。

現在的我，在法國住了十多年之後，反而相信了，一個人降臨在這個世界上的地點，似乎就含藏著未來人生的許多隱喻。

是哪一雙手首先觸摸到我？是什麼氣味在羊水及母親的產道之後，混入了我所吸入的第一口氣息？又是哪些聲音最早鑽入耳膜並銘刻在大腦裡？我出神地望著寫好的表格，思緒飄飛至遙遠的地方。

這樣凝注心神地寫下在地球另一端的苑裡，究竟是在呼應什麼連自己也無法明白的情思感悟呢？放下筆，把位置讓給後面排隊的人，我又瞥了一眼朝聖者名冊。

筆跡殊異，來自各種語言的姓氏也天差地遠，可是，每一個人都要往同一個聖城走去。聖城，有著耶穌門徒聖雅各墳墓的城，在西班牙靠近大西洋濱的聖地雅各—德孔波斯特拉（Santiago de Compostela），意謂「繁星田野的聖地雅各」。

為什麼？為什麼有這麼多人想要用雙腳步行或是騎單車，憑藉己身肉體之力而非機器代勞的方式，朝一個城走去？

「一定是心靈空虛，必得用什麼天然本質的事物來填補的人。」早在多年前，先是聽說後來也遇見過走這條朝聖步道的人，我就自以為是地判下論斷。

「哈哈哈！這作者說聖地雅各朝聖步道是退休老人的專用健行步道。」菲力曾經指著一本法國專業高山嚮導寫的書說給我聽。

覺得自己還沒到走聖地雅各朝聖步道的時候，我還不夠老。與此同時每每在浴室對鏡梳髮時，兩眼緊盯著頭頂上方的毛髮，捉賊似地搜尋不該出現的銀白線索。一旦發現，便像黑幫處決判徒一樣，奮力捏緊，死命一提，丟棄前還逆著燈光看看長度。

怕老。可是，老，跟其他世上無法迴避的事物一樣，它自己會走過來。朝聖步道好像也是。當我跟菲力確定要站在一千五百公里起步點的標誌前，我像是個即將涉溪過河的膽怯小孩，原本在個性中份量不高的理性，當下更是完全退場。深吸

當然，除了有大教堂，樂普依翁韋萊也是個多彩的小城。

口氣，想到留在身後，那本攤開置於聖母大教堂中的朝聖者名冊。

「苑裡的名字留在那裡了……」和菲力互望了幾秒鐘，彼此在眼神中詢問對方：「你準備好了嗎？」

邁步吧！明天出發。

法國・樂普依翁韋萊

帶著第一顆戳印上路

聽說在樂普依翁韋萊的聖母大教堂裡，每天早上七點都會舉行一個為朝聖者祈福的彌撒。

「我們要去參加嗎？」出發前一天，菲力問我。

「一定要去嗎？」不知怎地，我心裡有點抗拒，又有點心虛。

最後結論是不去參加。清早走出旅舍，找到GR65「法國第六十五號大健行步道路線」之後，我轉身朝聖母大教堂的方向，心裡默默地浮現出一些句子。陪在一旁的菲力也安靜地望著遠方。幾秒鐘後，兩人正式踏上旅途。

「我剛才的祈願，天神都聽見了嗎？」想到昨天在大教堂裡，看到有信徒躺在祭壇旁的大石塊上，似乎正在以全身的肉體與心中的造物主述說些什麼。

是啊！三世紀時就有聖母瑪利亞顯靈事蹟的那塊大石，我們曾經安靜地注視過。

1 標示著「聖地雅各朝聖步道由此開展」的石碑。

2 您看到路途的長度了嗎？

其實，除了祈祝這開始啟動的一千五百多公里的路途可以平安無恙之外，我心裡並不清楚可以對上帝、聖母或耶穌用什麼話語來祈禱。就像每年回台灣娘家時，在神明廳雙手合掌面向慈藹的媽祖神像，我也只是感謝祂庇祐全家平安。

平，安。對於攤在眼前的未知路途，縱使身處二十一世紀的我們已經沒有古代朝聖客必須面對的劫掠、疾病、補給困難的挑戰，自認並不蒼白軟弱的我，仍然在心裡存留一絲惶惑。

究竟在懼怕什麼呢？怕未知，怕路途的漫長，怕……怕看到半途而廢的自己。

可是，同時又有另外一股因興奮而帶來的力量在墊撐著我，真實而教人安定的熱力，沒有形體、不知出處，它讓我足以告訴自己：「上路吧！身後大教堂裡的黑面聖母，就算我不是祂的信徒，也一定在高聳拱門之後注視著我們。」

懷抱著這樣的心思，我和菲力慢慢走出市區，步道上漸漸出現其他的朝聖者。

「比起阿爾卑斯山和庇里牛斯山的步道，這路線真平！」走了幾公里之後，菲力說出心得。

「比起高山步道，當然平多了。不過這裡畢竟是中央高原（Massif Central），還是要爬上爬下。你是不是開始想念高山路線啦？」

他咧嘴一笑，過了幾秒鐘之後承認自己的確有點看不起這條 GR65 步道的簡易可行。一路上看來，好像什麼人都可以走。

「我好像不夠謙虛。」菲力有點不好意思地抿了抿嘴唇。

原來，我們兩個人都沒能脫除健行者的心態，難怪沒有動力去參加今天早上的啟程彌撒。

「我們已經蓋了章囉！」想到昨天在大教堂裡，慎重地在各自的朝聖者手冊上穩穩地按壓了第一顆戳印，樂普依翁韋萊大教堂的正式朝聖章，我不禁朝菲力揮了揮手杖。

是的，朝聖章不是兒戲，它代表一種許諾的態度。在蓋下第一顆戳印之後，我們就真正地踏上路途了。

法國・叟戈

叟戈鎮的珍琳娜奶奶

第一天的行程在眾多的村落間蜿蜒而過，第二天在熾艷陽光下我們好不容易走到叟戈鎮（Saugues），住進了露營區。登記入住後，欣喜地發現營區管理處給步行

者留下極大片的草地，還有樹蔭迎人。

「才第二天，水泡就來了。」脫下鞋襪，我像檢視交通工具一樣地看著自己的雙腳狀態。

「洗澡後，貼個保護膠帶吧！」菲力幫忙想法子。以前我們用的方法是將一根以酒精消毒過的針，穿好消毒過的線，刺穿水泡後，將線留在水泡裡，讓組織液被引流出來，水泡自然消扁。現在我們採用較簡便的方法，清潔消毒加保護，等水泡自己破裂再變乾。

第三天的行程展開前，兩人先去叟戈鎮上採買午餐的食物。叟戈鎮創立於十二世紀，教堂、塔樓種種古蹟文物經常有五、六百年以上的歷史。我們在繞了一圈之後，坐在教堂前的長椅上休息，默默注視鐘樓上高聳的十字架。

「Bonjour!」有人出聲打招呼。

轉頭四望，不確定我們是否為這聲日安的招呼對象，不知道該不該回應。

「Bonjour!」又輕喚了一聲。四周似乎沒有別人回應，那麼該是對我們說的？

循著聲音來源尋看，對面一棟民宅的二樓窗口，有一張老太太含笑的臉出現。手上拿著撢子的她朝我們招了招手之後，轉身隱入屋內。沒多久，竟從一樓大門走了出來，開口邀請我們進入她家。

這樣主動邀請陌生人進入家屋，並不是一般法國人的習慣做法，菲力和我不自覺地互望一眼。不過，畢竟一個沒有殺傷力的銀髮老奶奶是不會教人疑懼的，在道謝之後，我們隨她走進家裡。

一進入客廳，馬上被眼前的景物吸引，覆滿整片大牆的明信片，上頭有各種文字，各種字跡簽名，從世界各地寄來。

「您看！這兩位是日本女孩。」老太太大概以為我是日本人，指著兩張日文明信片說道。一位曾與老太太合影，照片就貼在明信片旁邊；另外一位則是與她交換過硬幣，這些日本錢幣都被貼在明信片上。

「啊！牆貼不下囉！我還有一本相簿。」邊說邊拿出一本相本。

老太太一張一張地翻給我們看，口裡的故事也一個一個地出現。全部的照片都是在她家門前拍的，這些人跟我們一樣，全是經過叟戈鎮的朝聖者。

「你們看！這一位是奧地利女士。」老太太指著一張照片上的身影。「看看她的臉！這樣地開心，她已經走完兩次的聖地雅各朝聖步道了。我們其他人真該想想自己的富裕，沒有什麼好抱怨的。」

叟戈鎮珍琳娜阿嬤的家

照片中的女子有著一臉比陽光還璀璨的笑容，她是在第三次的朝聖之旅中遇見老太太的。惹得老人家發出這麼大的慨歎，原因是這位奧地利女士是行動不便者，她的朝聖之路是坐在特製的輪椅車上完成的。

看著老人家喜悅的臉，菲力突然問了一句：「您願不願意收到一張來自台灣的明信片？」

「當然好啊！等等，我去拿郵票錢給你們。」一說完，她便轉身去拿錢包。

「不，不，不，當然是我們樂意主動寄給您的，別擔心！」兩人同時出聲勸阻了老人家的掏錢動作。

「我做這接待朝聖客的志工，已經六年了。你們知道嗎？去年經過叟戈鎮的朝聖客有兩萬一千人呢！」笑瞇了眼的老太太，從桌上拿起一疊彩色名片，一面印著照片，一面印著她的姓名、地址。

「選一張吧！有好幾種不同照片喔！」她將名片一張張翻到照片面，讓我們挑選。最後，我選了她家大門特寫的那一張。漆成粉綠色的門板、窗框配上繡了花的白色窗紗，長得勃發茂盛的天竺葵和螃蟹蘭等盆栽，讓老太太的家門彷若是一座祕密花園的入口。

慎重地收下名片，菲力跟我與老太太道別之後，走出她家大門。堅持送到門口的她，祝我們一路平安到達聖地雅各城。

謝謝妳，住在叟戈鎮教堂旁邊的珍琳娜奶奶。帶著富含妳溫暖語音的祝福，重新踏上路途的我，終於慢慢意識到自己腳下正在踩踏前行的並不是一條普通的健行步道。我所履踐跟隨的，是要通往一處聖地的路，即使我不是天主教信徒。

法國・樂維樂黑達珀希耶

兩個朝聖客民宿

第三天的行程結束於一個極小的聚落，樂維樂黑達珀希耶（Le Villeret d'Apchier）。

只見幾棟民宅矗立於道旁，就算全部的居民都是同一個姓氏也不教人意外。有一家民宿就開在步道旁。兩個朝聖客民宿（Auberge des 2 pèlerins）。

設立了無障礙空間的大門，我們一靠近就看到體型渾圓的男主人迎了出來。

互道日安之後，進了門，首先請我們把背包放下，脫下健行鞋，隨著引領我們到屋內的餐桌旁坐下來。桌上置放著多種調製冷飲的濃縮甜漿，還有一大壺的涼水。

「請選擇您喜歡的口味吧！」蓄著一臉鬍子的他首先請我挑選。

「嗯，請給我馬鞭草，謝謝！」好像有到人家裡做客的感覺。

「我也一樣。」菲力主動表明。

他神情專注地調出兩大玻璃杯的鮮綠冷飲，送到我們面前後，又安靜地坐在我們旁邊。

第一次遇上這樣專心注視來客，又在別人開口說話時會微微傾前聆聽的民宿老闆，菲力跟我也變得凝神莊重起來，一整天的汗水澆灌，腳下微濕的襪子，還有掩飾不了的氣味都無暇照顧。

我覺得自己彷彿正坐在一位神父面前。

幾句路上風塵的問答，兩人喝完了涼冷甜爽的馬鞭草水，男主人站了起來說要帶我們去房間休息，認識環境。

「來！我幫您揹背包。」厚實的大掌一把接過我的大背包，讓我一身輕盈地走在他後頭。這似乎是跟菲力一起健行多年以來，第一次有旅舍主人主動幫我揹背包。

臥室極好，三人的團體房，一屋子的粉橙色調。浴廁專屬，寬敞又潔淨，洗手台前的大鏡子周邊鑲嵌著好看的壁飾磁磚。我看到鏡裡的自己一身跋涉過後的汗濕模樣，被遮陽帽壓出痕跡的凌亂頭髮，但是一臉的輕鬆。

晚餐時間一到，做完淋浴、洗衣等必須事項的朝聖客們，在餐桌前陸續入座。一屋子的食物香氣給予人暖適的愉悅心情，男主人為大家斟上開胃酒，配著醃橄欖、燻臘腸，典型的餐前小點心。

「現在，我要教大家唱一首專門為朝聖者所寫的歌。」將吉他抱在懷前，他開始一句一句地解釋歌詞，眼神輪流地注視每個人，一臉認真地教唱起來。

實在沒想到會有這樣的活動，我看著眼前的眾人，又喝了一口開胃酒。這時候也許在血液裡澆入一些酒精，可以幫助自己克服羞怯與彆扭。望一眼身旁的菲力，奇妙的是，平常比我更靦腆的他居然願意配合男主人教唱的要求動作，跟大家一起拍手唱歌，和平常厭惡別人指揮使喚的他判若兩人。

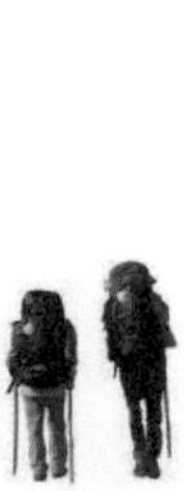

朝聖步道真的可以轉化一個人？或者，是開胃酒的影響？

女主人顯然給了可以開飯的指示，唱完朝聖者之歌後，晚餐終於上桌。涼拌生菜沙拉、焗烤主菜、乳酪、甜點，奏出一曲典型的法國晚餐旋律。體形跟她先生一樣壯碩的女主人，宛若大廚一般巡視客人的盤子，頻頻勸進，細心照顧每一個座上客。我尤其要記上一筆的是她所準備的乳酪盤，是我在法國住過的健行民宿、旅舍的晚餐經驗中，最滂湃豐盛的一次。

十種以上的乳酪，姿態嬌美地呈現在眾人眼前，換來一陣讚美的聲音。這樣的待客心意，桌畔的住宿者都感受到了，因為連耶誕夜的家族餐桌上，也很少有法國人會準備這麼多選擇的乳酪盤。

「看！這是我第一次看到特老級的康達爾（Cantal）。」我悄聲地對菲力說。他點點頭說自己也是。

盤中那極少見的特老級康達爾乳酪，天然外皮足足快達到兩、三公分厚。如果不是走到中央高原的生產地區來，這入口即化的酥美豐潤滋味，根本是限量版本，只能成為傳說。

在刀叉杯盤的叮咚輕響中，男主人說到自己和太太以前用八十天走完朝聖之路後，兩人決定退休後開民宿來服務其他朝聖客。目前的生活是半年住在安錫

（Annecy）的老家，半年到這小聚落來經營民宿。

「我很想走一次相反方向的朝聖步道，從西班牙的聖地雅各城走回法國來。這樣子，我們每天都會遇見朝聖客，我們就可以每天講述聖地雅各城如何如何，而他們都會想聽。」他頓了一頓，抿抿嘴又繼續說：「比起家人，你講朝聖之旅三次以後，就沒有人想聽了。」

有些心情和體悟，如果不是有共通的經驗，那麼就算是屋簷下的一家人，也不一定想聆聽，走朝聖步道或許就是例子。那麼，眼前的大鬍子先生想要跟我們這幾個初次見面而且明早就要離去的陌生人，分享一些什麼呢？

他沒有叨絮不休地繼續長篇大論，相反地，他用畫的。和其他接待朝聖客住宿地的蓋章做法截然不同，兩個朝聖客民宿的朝聖戳印是男主人親手畫的！

我終於明瞭他為什麼一開始就那樣專注地望著每個進入家門的客人。因為在他所畫的朝聖客象徵物——自古不變的扇貝殼、手杖、背包，外加一雙磨痕累累的鞋子中，我們每一個人的面孔特徵都出現在背包上了。

「哦！我的背包戴一副眼鏡在唱歌。」我珍惜地注視著自己手冊上的手繪戳印，用來自我本身背景文化習慣的頷首方式致謝。

大鬍子先生笑了，眼神中有被珍視的喜悅和寬厚的溫柔。

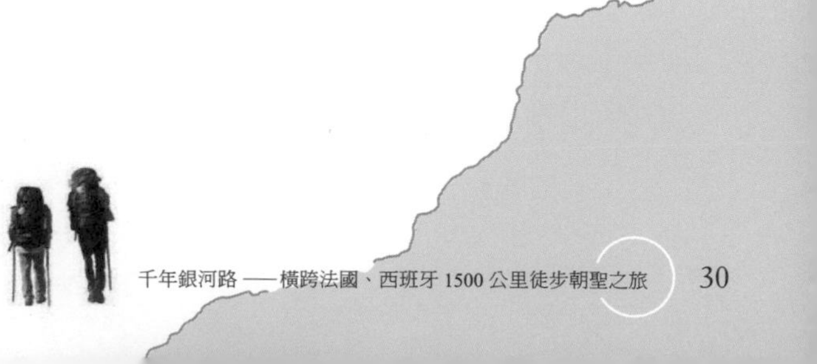

Auberge des 2 Pèlerins
ULTREIA
14/07/2012
TOC TOC
Fecha
Auberge des 2 Pèlerins
ULTREIA
14/07/12
TOC TOC
Fecha

手繪戳印

傷心女士的村子

一個豐富多變的上午。先是有兩個朝聖客民宿的精采早餐，又有一道長久跟隨的完整半圓型彩虹在天上陪伴，接著在穿過大片森林後，又領教了著名的本地寒風。在號稱法國最蕭索荒冷、生存不易的中央高原上，經常被引用為此地大自然嚴峻面貌象徵的歐伯哈克（Aubrac）高原寒風。

「奇了，這風說來就來。」颯然而至的狂風吹擋了前行的兩人，被逼得停下腳步、放下背包翻找防風外套的我們，鼻腔猛然發酸，連掏出面紙的時間都沒有，狼狽地看著黏黏的鼻水沾了一手背。

「想想看你的祖先以前住在這裡，很不容易呢！」被風襲吹得彎腰躲避的我，想到菲力的祖先世系表上的地名源流。

菲力邊穿外套邊微笑，有一絲以先人為豪的眼神浮現。我婆婆常說這個家族的剛烈脾性從祖先的源頭就可推測，太軟綿的可能不容易在中央高原存活下來。只是，孤立於荒原冷風中的步行者，姿態卻必須是謙遜的。我低下頭用力拉壓遮陽帽沿，握緊手杖繼續邁步。

走到一處長滿野花，高大的黃龍膽像落在地上的金黃煙火處處炸放的坡地時，後面走來一對男女。是昨天也住在兩個朝聖客民宿的人，很容易記住他們，因為兩個人都理了晶亮的光頭。神情怡然的他們與我們打過招呼後，輕鬆地超前而去。

「不知道那個漂亮的不列塔尼女孩現在走到哪裡了？」一邊跨步一邊在心中走馬燈似地回想這幾天遇到的人，那個戴副眼鏡的秀緻臉龐自然最為顯明。這女孩獨自走著她的朝聖之路呢！二十歲了嗎？我忘了她有沒有提到自己的年齡。

傍晚到達聖阿勒班須利瑪紐樂（Saint-Alban-sur-Limagnole）。整個村子被一所規模不小的精神病醫院建築物占去大半，GR 的標誌遍尋不著，最後研判大方向應該是不停地往下坡走，總之先找到教堂就對了。

果然，以教堂尖頂為指針的策略奏效，我們終於進了道路狹仄的村子中心廣場，住進了教堂旁的旅館，一家氣宇軒昂地取名為「中央」的小旅棧。房間的窗景就是教堂鐘樓，浴廁在外，但是有一個白瓷洗手台在房裡。

「我以前從沒住過房間裡只有洗手台，浴室廁所要整樓共用的旅館。」記得多年前第一次在法國看到這樣的老式旅館時，我還以為自己走進古老年代的電影場景。

晚餐前的時光，沐浴後洗去一身汗塵的朝聖客，心裡最掛念的便是為今天的行程蓋好歇腳處的朝聖章。理所當然地往教堂走去，看到門上貼了告示，說是要去找一位住在某街某號的某太太，是她負責保管這顆重要的印章。

按址尋往，是一棟位於教堂小廣場另一頭的房子。跨上小台階，輕輕敲了敲門，屋裡走出一位身形瘦癯、留著齊耳灰髮的女士。幫我們蓋好朝聖章、簽好日期之後，她望著想當然不是今天唯一登門造訪者的兩人，開始聊談起來。

首先感嘆聖阿勒班目前人口蕭條，和她童年時代的榮盛村莊相差甚遠。以前家家戶戶的小孩跑來竄去多熱鬧，現在呢？她指指左右鄰居的方向，一條街上有好幾棟空屋，看著就難受。

「唉！現在的年輕人也跟我們以前不一樣囉！不守規矩，常做傻事，唉！」她把左手橫在肚腹前，用右手拇指和食指揉捏著自己的領口衣襟，眼神平視前方，似乎要撫慰自己被當今青少年狂躁行為驚嚇的情緒。

突然，她的眼裡閃過一絲不知被什麼挑起的暗影，緊接著眼白泛出微紅，眼眶下層開始水光抖顫。

「我姊姊兩年前過世了。我跟她差七歲，可是從小我們倆就像雙胞胎一樣形影不離，都穿相同的衣服。」

她垂下頭來，抹了一下眼眶。杵立在她面前的兩人尷尬地互望一眼，菲力輕聲地

說了幾句安慰的話語。在這樣的氣氛中，馬上告辭似乎並不得體，我雖然噤聲不語，但也儘量用眼神和表情來傳達我的支持心意。

「我們家族裡有好幾個人都是七十一歲過世，姊姊也是。」她又擦了一下眼睛。「現在，我每天都去墓園看爸爸媽媽和姊姊的墳，啊！這是我唯一能做的事……」

忘記後來菲力跟我是如何讓她願意停住陳述傷心往事的慾望，讓跟她只能有短暫交會的我們離開。這位從小到大都沒遠離過家鄉小村的女士，後來回想，是我們整個三年的朝聖之旅中，遇見過最為哀傷且無法自拔的人。

其實，我們在聖阿勒班停留的這一晚是歡愉的，因為在旅館餐廳裡的晚餐氣氛融洽，桌畔的朝聖客們交流自在，房間窗景又是令人心醉的鐘樓晚霞。一切都無可挑剔。可是，入睡前又想到她。

「兩年來，她面對這麼多的朝聖客，難道都在說這些故事嗎？」

「也許，她應該把門關上，出發走去聖地雅各城才對。」菲力用一個大哈欠替自己結尾。

加油！還有一千四百三十七公里「而已」啦！

法國．歐蒙－歐伯哈克

繁花小徑民宿

想像當中的朝聖之旅，應該是懷著一顆對信仰、人生等等形而上層次主題的思索探究之心，配上嚴肅踏實的物質、肉體實踐，高度靈肉合一的深層之旅。走到第五天，幻象消褪，真實浮現。揹著大背包，汗珠掛滿全身每一根毛髮的我，現在只想做一件事，一件絕對無法跟形而上牽連起來的事。

我必須「解放」自己腹下那顆膨脹多時、急敲大腦聯訊區位的膀胱。

這一點都不優雅，這也可以被看作是一件芝麻綠豆、紅豆也行的小事，可是它卻又是如此地真實切膚。怎麼今天的行程明明穿過很多樹林，卻沒有隱密的地方可以尿尿，對不起，解手呢？

「可能都是私人的樹林，所以到處都圍上柵欄、鐵絲網。」

「前面都經過牧場，沒什麼樹；現在有樹，卻進不了！」

其實，怕被後面走來的朝聖客撞見自己光裸的下半身，這才是重點。而且，男人可以站著進行假裝賞景，女人非得蹲下不可，這使得我們的行跡企圖暴露無遺，更加難為。

是的，必須誠實招認，解手問題是一件走朝聖步道時跟虔誠之心具有同等份量的事。當然，在無法也不好意思交待細節的處理方式之後，我們還是成功地走完第五天的行程，抵達歐蒙—歐伯哈克（Aumont-Aubrac）。

「今天只走了十五點四公里，時候還早嘛！」菲力看看錶。

「對！可是我並不想去住那個離市中心有兩公里遠的露營區。」心裡盤算著公里數的我，想到為了買食物吃晚餐還得往返三次就提不起勁。

可以預料的是，「老婆最大」在這種情勢下非常適用，而且我一點都不掩飾自己的惰性，食指一伸，那兒！就在鎮公所旁邊那一家就對了。

繁花小徑（Les Sentiers Fleuris），多吸引人的名字。住進後發現每個房間都用花來命名，走道上更掛了許多的野花照片。尤其是一座既種鮮花又種菜的後花園，把每一個住宿者的心都勻勻貼貼地晾在陽光下了，跟那些洗淨的衣衫一樣。

隔天早餐時間由男主人負責服務，頭上灰髮梳得十分整齊的他，一面為我們烤麵包，一面踱步到餐桌旁。

「你們看，這是我兒子的岳父寫的詩。」他指著牆上裱框的作品。

「他是警察。啊！他時間很多哩！」一臉認真神色，還專注地暗誦幾句。

所有的客人同時笑出來。不會吧？法國人不可能讓警察太閒的，從那名列世界前茅的街頭抗議遊行次數就可見一斑。

「原本我和太太只打算做 B&B，後來才加上包晚餐的服務，這樣收費可以高一些。因為我們必須還銀行貸款，為了整修這棟家傳老屋所借的錢。」

聽到我們讚美他家的花園，他望著外頭的園子說：「照顧這花園很花時間呢！啊！結果還不錯，我很高興。」每一個昨天下午在他家後院曬過衣服，也曬了自己的客人都會同意。那些肉豔豐滿的蕃茄，葉片怒長如佛朗明哥舞裙的沙拉，株株爭香競色的玫瑰，足以讓朝聖客們忘卻一整天歐伯哈克荒原般的視覺印象。

離開繁花小徑重新踏上步道路線，我心裡不時浮現民宿男主人看著自家花園的神情，還有那個警察親家寫詩的故事。事實上，整個早餐時間他一直講笑話，而且充分具有冷面笑匠才能的他，在我們笑抖到捧不住咖啡碗時，仍然可以一臉鎮定。

「其實我昨天剛進去他們的房間時不太喜歡。」菲力出聲打斷了我的思緒。確實，菲力昨晚已經說過了。他覺得房間收拾得太乾淨，沒有什麼暖色系的東西，讓他聯想到養老院。

「不過今天早上老闆給我的感覺很好，就補過來了。」菲力輕鬆地一笑。

「我想，我們跟這家民宿還是有緣份的。」我故意提醒他：「它的名字害我們做了一件傻事。」

什麼傻事？原來是對背包內容斤斤計較以節省重量的兩人，居然昨天在遊客中心買了兩玻璃罐的蜂蜜！只因那蒲公英蜜的金黃純粹還有橡樹蜜的焦糖色澤而已嗎？或者老實說出自己嗜蜜如命？不，都不是，是因為我們走進了繁花小徑！

與驢子同行的男孩

法國・歐伯哈克

有一個法文詞彙，transhumance，意指（夏季）進山放牧。

字典裡把夏季加上括號，發揮了解說的功能，因為這個活動只有在夏季舉行。可是進山放牧到底是怎麼一回事？怎麼做？為什麼這麼做？這幾天走在歐伯哈克地區的我們，腳下的土地正是法國境內一直維持 transhumance 生活方式的典型地區之一。

在平地自家牧場被圈圍了三個季節的牛羊，到了夏天去山上吃食新鮮野花和翠綠草葉，也是健行客在山區步道上最常相遇的動物朋友。牧人和牧犬可能一直在忙

碌著，或是巡看羊群、牛群，或是在山間小屋裡製作乳酪，反而不常見。

「整個夏天留在山上，入秋前再把牛羊帶下山走回家？」第一次知曉進山放牧的作法時，我心裡充滿疑惑。尤其是有些牧人居住的鄉村離山區牧場遠一些的，他們和自己的或別人委託的牛群、羊群，必須走上幾天才到得了目的地，每一晚的停留地都必得費心安排，讓數量可達上百隻甚至更多的牛羊安心歇息。這種好像在汽車出現以前的時代才會實行的放牧方式，竟然有人持續在做？

確實法國的牧羊人數量是不比從前了，但是，這個行業從來不曾消失，而且，一直有新生代投入。

「我擁有全世界最美的辦公室！」曾經看過有位年輕的牧羊人在電視新聞中如此宣稱。

菲力跟我並沒有這樣的辦公室，不過我們今天倒是走進了這棟千百年來無數牧人吟詠歡欣苦楚的殿堂。天高雲垂，匍匐在遠方的石砌小屋以史前遺址般的氣息半隱於草地中。

停下喝水時，後面走來一對母子。互道日安之後，那位個子嬌小的媽媽說，剛剛她從後面拍了我們兩人揹著大背包前行的背影。一說完，便拿出數位相機給我們看照片。

有時會讓艾文坐到牠背上的吉丹

「啊？真謝謝您！」兩人把臉湊在小小的螢幕前，在熾烈的日照下勉力瞇眼辨識自己的影像。

這位媽媽笑得親切，她手裡牽挽著一條繮繩，繩子的另一端是一頭驢子，驢背上坐著一個小男孩，兩隻小腿跨在鞍座兩側，穿著健行鞋的小腳丫下方便是他跟媽媽的行囊。

「不好意思，我可以拍您的驢子嗎？」我有點拘謹地提出請求。經驗告訴我一般法國人並不喜歡陌生人隨便拿起相機鏡頭對著自己，可是能夠遇到一隻隨人健行的驢子又是珍貴的機遇。

「好啊！沒有問題。」她把孩子抱下驢來。

小男孩一直都很安靜，眼光好奇而有暖意。在我們跟他媽媽致謝道別時，害羞地笑了。

整個下午我們和這對租了驢子同行的母子，一直保持著若隱若現、忽前忽後的距離關係。揹了大背包的我們常常停下拍照，在速度上和馱負了行李及男孩的驢子差不多。傍晚時分，我們又相遇了，因為都預訂了同一家健行旅舍，以花為名的龍膽農場（Ferme des Gentianes）。

進了被工作人員指定的團體房，第一眼就發現小男孩獨自留在有上下鋪的床板上。媽媽呢？照顧驢子去了。

盤坐在上鋪的孩子微笑地看著整理行李、安置床鋪的我和菲力，互相交換名字時似乎減少了幾分初見時的羞怯。

艾文（Ewen），一個源於不列塔尼語的名字。六歲。

他跨出腳從小木梯爬下來，坐到下鋪。媽媽還沒回來，他盯著我們看，似乎很開心有人陪伴。雀躍的動作讓他一不小心撞到上鋪的床板，「砰！」地一聲嚇了我們一跳，他自己撫摸了一下頭卻不哭反笑。

「好！我先去洗澡。」菲力一說完就走了出去。

房裡剩下艾文跟我。有個剛剛到達的瑞士先生，打過招呼之後也直奔淋浴間去了。

「妳要看表演嗎？」艾文問我。我用力點頭。

他咧著嘴笑，一手抄起下鋪的睡袋，抓起枕頭，又把已經鋪好的床單拉出來，繞在身上一圈，開始他的演出。

睡袋、枕頭、床單，三樣物品在孩子的手上、頭上、身上幻化成無數的道具，團體房成了一座想像花園。流泉輕唱，鳥鳴蟲唧，吼地一聲來隻獅虎。艾文興致高昂，眼神發亮，臉上忽然出現一個靈機一動的表情。他把睡袋扔到地板上，一雙小手壓住睡袋口，小身子像倒退進洞穴一般地鑽進了睡袋裡。

「毛毛蟲！」歡快的輕呼之後，他開始了新的一幕表演，像蟲一樣地在地板上蠕動起來。一縮一放，一縮一放，眼看他就要用睡袋把整個房間地板擦乾淨，被惹得笑岔了氣的我也開始擔心這孩子玩過頭了。正想出聲阻止時，房門被打開了。

正是艾文的媽媽。已經把驢子安頓妥當的她，制止了滿臉通紅、氣喘吁吁的艾文。一旁的我尷尬地牽動了一下嘴角。唉！在法國管教別人的孩子是禁忌，就算是小小一句言詞也是極不禮貌的舉止，我實在覺得為難。

艾文媽媽把孩子拉到床前，動手把睡袋、床單及枕頭放好。沒有嚴厲的斥責，這

也是意料中事，因為一般法國父母不會在外人面前教訓孩子。不過，艾文卻抽抽噎噎地哭了起來。

「我的表演還沒結束！」哭到讓人看見一口整齊白牙的小男孩委屈地說出原由。

我看了一下艾文的媽媽，以眼神徵詢同意，緊接著對艾文說：「我等你！」看到艾文的媽媽正在準備帶孩子去洗澡，想了想覺得不妥，於是又補上一句：「等你有空的時候再表演，好嗎？」

哭泣終於平息。在接受了媽媽的擁抱和親吻之後，艾文被媽媽牽著手一起走出團體房。

準備晚餐時，空間並不太大的公用廚房裡，餐桌畔就坐了我們四個人，其他人可能都去農場附設的餐廳吃飯了。

一邊吃著義大利麵，一邊聽艾文的媽媽說他們如何租雇驢子，照顧的要領，以及沿路的有趣見聞。最後提到艾文的變化，說他一開始住團體房還有踏進公用廚房時簡直手足無措，還拉著媽媽的衣角在她耳邊輕問：「我可不可以在桌子下面吃飯？」

三個成年人一齊笑出聲，艾文自己無聲地咧嘴，雖然先害羞地垂了一下眼瞼，但是隨即抬起目光，繼續吃他的晚餐。這孩子已經可以和我們眼神相對，承接得住陌生人的注視，的確是跟媽媽述說中的他截然不同。

「我很高興帶艾文來走朝聖步道，這個念頭已經放了好幾年了。」艾文媽媽若有所思地說。

洗好廚具碗盤，擦淨歸位之後，菲力和我在旅舍附近散步。「龍膽」有民宿部分和健行旅舍部分，佔地不小，是一個仍在營運中的農場。恰正位於 GR65 朝聖步道旁的地理位置，再加上處於前後村鎮中途的絕佳條件，使它成為腳力和我們相仿的朝聖客經常選擇的夜宿地點。在農場範圍之外，便是一片寂靜的田野，黃昏暮色中的遠方農舍連燈光也亮不出幾盞，只有草叢中的蟲鳴提醒我們土地的脈搏仍然進行。

回房準備睡覺，開了門看到艾文和媽媽已經上床，我們躡手躡腳地不敢發出太大的聲響。一陣窸窸窣窣，發覺艾文仍然醒著，心裡想到跟他的約定。

他抬起頭來，把臉貼在床欄邊上盯著我跟菲力。

夏夜日長，其實天光尚未黯淡。我用最最輕微的聲音向他道晚安，他也乖孩子樣地回應。睡在下鋪的媽媽累了一天，反而比孩子先睡著了。

團體房裡只剩低微的鼾聲起伏，我緩緩將身子伸進睡袋裡，在摘下眼鏡之前，看到艾文仍未躺下。朝他微微一笑，無聲地又道了一次晚安。

夜色滲透窗玻璃，慢慢地把房間漂暗。雖然閉上眼睛，我卻憑著直覺和在黑夜裡變得靈敏的聽覺知道，艾文一直在看著菲力跟我，好久，好久。

這個跟媽媽一起走朝聖步道的六歲小男孩，心裡收放著許多事。

法國・納思比娜

依舊歐伯哈克

龍膽農場的早餐聲勢不凡，兩排長桌上近二十罐各種顏色的果醬，衛兵似地一字排開。叉著腰的女主人自豪地宣稱這些自家果醬：「每罐口味都不同！」並且堅持要客人們每種都試試。

遇見一個慷慨的老闆娘，是一天旅途美好的起點，菲力跟我繼續走在海拔一千兩百多公尺的歐伯哈克高原上。今天路途不長，我們在午餐前就走到了過夜村莊納思比娜（Nasbinals），住進了一所由教會學校附設的招待所。

納思比娜稱得上是個美村，雖然沒什麼正式頭銜。位於村子核心位置的教堂，雖然被公路近身地環繞了一圈，失去幾分寧靜，但是不減其莊嚴和美感。建於十四世紀的羅曼式風格，牆面是棕色調子深淺不一的玄武岩石塊，穩重厚實；同樣是本地石材的頁岩則疊出了漂亮的魚鱗狀屋頂，引人興起童話的聯想。

「看！」菲力提醒我。低頭一望，教堂入口前的地面上，一個用各色小石頭鑲拼出來的大扇貝，聖地雅各朝聖步道的象徵。

最後納思比娜要讓我們記住它的香氣。在村設的遊客中心裡，工作人員介紹了在不同指南裡都被描述的「歐伯哈克茶」，原來是新風輪菜（calament）的乾燥葉子所泡的茶，沖泡後飲用具有滋補、鎮靜及幫助消化的功能。

高大的黃龍膽可以釀酒，開著柔小粉紅花朵的新風輪菜可以泡飲，還有外號「歐伯哈克之花」的紫花毛地黃艷麗地綻放，誰說歐伯哈克是荒原？它只是不喜歡喧嘩而已。

1 歐伯哈克地區以荒涼著稱？有人並不同意。

2 艷麗的紫花毛地黃。3 黃龍膽

1 法國大健行 GR 白紅右轉指標。**2** 藥用塔花、藥用新風輪菜，還有另外一個說法是大花塔花、大花新風輪菜。有著「歐伯哈克茶」的稱號。它還有另外一個名字是：山地除蚤薄荷。**3** 法國各地區的牛都各有不同的特色，這是歐伯哈克牛，特徵是毛色如蜜，黑眼圈，豎琴形狀的角。

在修女院過夜

法國・歐伯哈克、聖雪利、聖康姆

「咦？真的有一個村子名字是歐伯哈克？」

一直到走入村莊，這個帶給整個地區命名起源的歐伯哈克村，終於向我們揭開她神祕的面紗。

擁有形構宏偉而風格樸實，名為「窮人聖母院」的教堂，還有只剩一小部分的中古醫院遺址、古老的墓園，整個村子宛如拍攝中古世紀電影的現成場景，無聲地述說自己在九百多年前誕生的源由。那時一位從北方法蘭德斯（Flandres）地區來的子爵Adalard，在朝聖的路途上自強盜的攻擊及暴風雪的侵襲中脫險後，在此地興建了含有教堂、修道院、醫院、墓園的歐伯哈克招待所。專門協助朝聖客，讓他們有一個安全的住宿處，並且提供醫療及心靈慰藉的服務。

身處二十一世紀的我們在這麼多科技產品、指南、地圖的協助下走朝聖步道，必須要發揮一點想像力和同理心才能稍稍揣摩將近一千年前的朝聖者心情。上路前在教堂接受神父的降福儀式，備妥朝聖手杖及背袋，和經過神父證明其身分的安全通行證。沒有人知道自己將會遇上什麼，或者該這樣說，沒有人知道自己是否可以平安抵達聖地雅各城。因為這一路可能會遭逢惡劣的天氣，在濃霧或大雪中迷路，被強盜襲劫，還有森林中的狼群。生病或被殺，是古代朝聖者無法迴避的難題。他們甚至會在上路前就先寫好遺囑。

從一七六四到一七六七年，一隻使歐伯哈克一帶人心惶惶，還曾經讓路易十五派遣皇家捕狼隊親征的巨狼，促成了以古地名稱呼的著名傳奇故事：熱沃當之獸（La Bête du Gévaudan）。流傳至今，不再使人驚慌的熱沃當之獸，反倒成了本地區的文化圖騰。

「路途這麼危險，還是不斷地有人上路，為什麼呢？」我聯想到西藏人的轉山朝聖。他們以自己的身體丈量路徑，重複地拜、跪、伏、起，日月漫長地走向拉薩。在那看似超出肉身困境的舉動中，是否有一個無形的力量在牽引那些置身千里長途中僅僅像個小黑點的凡人眾生呢？

為什麼一直問為什麼？因為我什麼都不知道

「哇！你們的背包好大，很重吧？」坐在村中咖啡館外露天座位的幾位朝聖者女士，一看到我們經過就發出嘖嘆聲響。其中一位的大咖啡杯上漂浮著一大朵的鮮奶油花，在陽光映照下白得發亮。

的確，我們是二十一世紀的朝聖客，沒有強盜沒有狼，餓了有食物，累了有床鋪，歇腿時何妨點杯愛爾蘭咖啡抽根菸，沒有人在上路前想到要擬訂遺囑。啊！我們的生活比古人輕盈多了，不是嗎？顯然我的腳不完全同意大腦的自作主張。下午抵達過夜村莊聖雪利（Saint-Chély-d'Aubrac）時，它們還是慶幸自己可以得到喘息的機會。

在村子的公營健行旅舍與艾文母子重逢，隔天早上在公用廚房的餐桌上，四人一起愉快地吃早餐。似乎全部的朝聖客都出發了，只剩下這慢條斯理的三大一小。

艾文好像也很高興再遇見我們，一邊吃一邊居然在媽媽說話的空檔躲在桌子底下搔我和菲力的腳丫。

聖康姆村快到了！

「哈！哈！嘻！嘻！」看到我們抖動腳掌的樣子，小男孩笑得比我們還暢快。艾文媽媽說：「你們想像得到他說過要躲在桌子下吃飯嗎？」

出發吧！艾文和媽媽早我們一步跨出健行旅舍大門，準備要去村子尾找驢子吉丹。在媽媽身後一蹦一跳的艾文，用法國小孩玩遊戲時笑鬧同伴的唸詞對我們唱出：「Oh！Les derniers ！Oh ！Les derniers ！」（喔！最慢的！喔！最慢的！）

下午走到聖康姆（Saint-Côme-d'Olt）的瑪蕾修女院（Couvent de Malet）大門前，一位老修女一看到我們就說：「啊！走路來的朝聖者，歡迎！歡迎！」

可惜的是今天晚上全部客滿了！那明天晚上呢？

「明晚的雙人房有一間空著。」好！我們訂下來。

兩人決定先去聖康姆村裡的露營區住一晚。第二天收帳以後，突發奇想地繼續往前走到下一個小城艾斯帕里昂（Espalion），停留幾個小時以後又回頭，循原路走回去聖康姆村。

「我們這樣算是預習嗎？」「是啊！要不然好像有偷懶的感覺。」

比較麻煩的是當步道沿著小公路進行時，一路上每一輛經過我們身旁的本地汽車都對著我們按喇叭，每一個好心的駕駛在錯身離去前，都用肢體語言想盡辦法告訴我們：「錯啦！錯啦！聖地雅各要往那邊！」

重回瑪蕾修女院。住進浴廁潔淨、視野絕佳的雙人房，享用了與其他朝聖客、修女、義工們共聚一堂的晚餐，還有在黃昏光線下走過輕輕搖曳於晚風中的花園玫瑰叢。

上樓回房時，捨棄現代感十足的先進電梯不搭，改走樓梯。那應該是跟修女院創建年代相當的主要入口大樓梯。完全木造，扶手已經被撫摸得光可鑑人，而階梯的踏面則已不再水平，它們甚至微微地凹陷，稍稍往下傾斜。

也許是受到許多電影、小說的情節浸漬影響，以前修道院在我腦海中的形象總是披著嚴肅、神祕的外衣，甚至可能隱匿著不欲人知的祕密。修士袍那寬大覆額的風帽，總讓我

1 教堂鐘樓的火焰型尖頂是聖康姆村的最大特色。

2 這樣的光，連不是教徒的我也被感動了（聖康姆村）。

3 古老的門常常吸引我的眼光，更何況又有一顆心……（艾斯帕里昂）

臆測著底下有一雙晶亮或掙扎的眼神。

奇妙的是，在法國住下來以後，知道這裡的修士、修女們自己動手種葡萄釀酒，養牛羊做乳酪，種樹做果醬，養豬做臘腸，養蜂取蜜，種菜，做啤酒、糖果、巧克力等來販售，力求自立，我的感受漸漸轉變。

今晚，第一次住在修女院的我，最該向修女們學習的，可能就是靜靜地坐在窗畔，讓聖康姆村的暮色剪影向我昭示大化無窮的奧義。如果我太駑鈍，那麼只要領略到美，也許就足夠了吧？

法國・艾斯帕里昂、艾斯坦

臭蟲？臭蟲！

離開瑪蕾修女院，揮別聖康姆村，走到艾斯帕里昂時，太陽也從一顆天邊的蛋黃變身為懸在頭上的熾熱燈泡。路面的柏油開始變軟，散發出使人不悅的氣味，而步道並不能完全避開與公路重疊的情形，健行者必須小心、忍耐。

走到艾斯帕里昂郊區，遇見一位老先生打著赤膊坐在他家裡花園的樹下。那棵樹緊靠著矮圍牆，而牆外巷子正是GR65經過的路線，一個上坡路段。他老人家把椅子正對著牆外，一看到我們經過，開口問道：「天氣不會太熱嗎？」形貌類似忍者龜的兩人邊喘邊回答：「是有一點。」

酷暑難當，一路上經過的漂亮小村、聚落都陷入一種寂靜狀態，小教堂寧謐無語地敞著大門，讓朝聖者自己來去。全身垂掛汗珠的我彷彿走進一座又一座睡美人的城堡。

傍晚五點多終於走到艾斯坦（Estaing）。名列法國美村名單中的它，緊鄰洛特河

進教堂前，先俯首看看朝聖扇貝吧！（納思比娜）

（Lot），河畔一座龐大的城堡雄踞一隅，宛似一頭守著寶藏的雄獅凝視來客。

美村同時也是老村。艾斯坦城堡從十一世紀到十八世紀為止，一直是當地最有權勢之一的艾斯坦伯爵家族住所，而整個村莊的發展也是以它為核心。儘管時代變遷，如今的城堡已成為公共財產，可是整個艾斯坦村仍然保留其中古時代的建築氛圍。

艾斯坦村

來到這樣的歷史美村，我們毫不猶豫地選擇入住公營的健行旅舍。按照遊客中心的資訊，先到一家紀念品店向老闆娘付費拿鑰匙，再走到村子尾端去。抵達時一看，居然是一座古蹟，一座建於中古時代的教堂！

當然，這座已經不再具有教堂性質的建築物已經被整修過。進入一看，有公用廚房，上了二樓就是寢室區。雖然是大團體房的性質，但是有簡單的布幕隔間，而且兩人一間的設計讓健行客或朝聖者都能保留一點點的隱私。

在公用廚房準備晚餐時，有一位獨自步行的義大利女孩，還有一位也是單獨走朝聖步道的法國男士。打過招呼後，圍坐在餐桌旁的我們互相聊到沿途的見聞心得及行旅裝備等話題。法國男士首先強調他自己嚴格控制背包重量的原則，各種攜帶物品必須絕對輕盈，連穿在身上的衣物也要嚴控。

「我不穿T恤，只穿一件薄襯衫，天天洗！」他用自信的神色說：「我的背包總重不到五公斤！」

「哇！」眾人一齊發出讚嘆之聲，特別是我，多希望這美妙的數字，有一天也出現在我的背包上。

語音才落，理著小平頭的他眼光一轉，拿起義大利女孩擺放在餐桌上的健行水壺，以專家的口吻評了一句：「像這就太重了！」

「才不會呢！」有著一頭褐色鬈髮的女孩堅定地反駁。

法國男士繼續闡述自己的健行經驗談，強調要時時喝水。他帶的裝水容器是那種可以讓人邊走邊喝，不須放下背包，只要吸一根伸出背包孔洞的細小輸送水管就好的塑膠水袋。

「不過，有一次我放了柳橙汁在裡面，誰知道那果粒居然塞住了吸嘴孔！沒辦法，我只好拿了健行旅舍裡的漂白水來消毒，怕有衛生問題。」他一臉正經地描述，讓原本忍不住噗哧笑出聲的我們，只好吞吞口水硬把笑意壓抑下去。

被指出水壺太重的義大利女孩極為和善，她去年已經走完聖地雅各朝聖步道的西班牙路段，今年想要走完法國部份。

「我想要用一個月走完，假期就這麼長，沒辦法！」戴著大大的金屬細圈耳環，笑容開朗迷人的她說自己每天至少走三十公里。

目前正在維也納念環境保護工程的她，老家在義大利北部鄰近奧地利的地區，從小說的母語是德語。當然，她也會說義大利語，另外還有英語和法語。

臨睡前，我跟她剛好都去刷牙。在衛浴間裡，各自做著慣常動作，我聽到她快速而且用力地刷著牙齒的聲音。我也握著自己的牙刷如常地上下左右移動，突然，

右手臂一酸，手掌一鬆，牙刷就匡啷一聲掉在洗臉盆裡。

「咯！咯！咯！咯！」原本正在奮力刷牙的女孩笑了起來，像個小孩子一樣。

我也笑了。兩個人都滿嘴的白泡沫。

教堂之夜降臨，或輕微或響亮的鼾聲此起彼落，躺臥在神的屋宇裡的朝聖客們各自行走於夢土上。矇矇矓矓中，彷似有什麼聲響……。我翻了身，繼續往夢鄉走去。嗯？皮膚好癢，忍不住伸出手來搔抓，可是卻止不住那一陣強過一陣的巨癢。怎麼回事？昏昧不明的大腦一直想進入休眠狀態，偏偏全身的觸覺接收器頻頻發出警訊。

脖子、手臂外側、大腿外側，啊！小腿也有。睡意節節敗退，我在黑暗中一會兒睜眼，一會兒閉眼，兩隻手忽左忽右地搔著皮膚，宛若發狂。睡在另一張床的菲力呢？他好像也是不停地窸窸窣窣。

煎了整個晚上的魚，菲力跟我終於盼到天色微亮。團體房裡有人醒了，有人還睡著，想早點起床出發的人得安靜地把行李拿到公用廚房去整理。在開了燈的廚房裡，我們這才看清楚彼此的樣貌。

菲力的額頭、脖子及手臂上有許多像是被巨型蚊子叮過的紅點，我也是，脖子和手腳都被叮得點點紅腫，奇癢無比。「不會吧？前面幾天一直聽說的『punaise des lits』，真讓我們遇上了？」

是，是真的！在走了一天之後，住進了一個露營區的我們，絕望地證實了這個可厭的事實。我在自己的大背包及絲質的貼身睡袋上各找到一隻不到半公分長的扁小「元兇」，用指甲一掐，有血……。

Punaise des lits，中文是臭蟲。後來在辭典裡，我找到了以下的介紹：臭蟲，一種喜吸人畜血液，具有臭腺的扁平小蟲，吸血時將毒汁注入寄生體內使寄主皮膚腫癢，亦稱臭蝨。

在我們的行囊裡，有一本極受歡迎的聖地雅各朝聖步道法文指南，更以整頁的篇幅介紹這種令朝聖客渾身不自在的小扁蟲。說身長平均六公釐的牠，原本在第二次大戰後消失了，卻在當今朝聖步道沿途的某些住宿地點中「復出」。事實上，就是朝聖客自己將這小蟲子一路散播的，因為牠會藏匿在背包裡跟著人「旅行」。指南裡安慰大家，說是沒有必要去責怪這個或那個旅舍沒徹底消毒。因為再怎麼細膩的主人，也沒法子完全控制情勢。只要有一個朝聖客，一個就夠了，將他那帶有蟲子或蟲卵的背包擱放在床上，那麼，孵化期二十天過後，這個住宿地點就「淪陷」了。

怎麼辦？指南作者強調必須大家一起努力，旅館業者和朝聖客都得確實遵守防蟲的衛生原則。前者執行殺蟲、驅蟲的清潔工作，後者則謹記旅舍、民宿中的入住須知，尤其是不可將背包放在床上這個要點。甚至如果主人要求不可將背包帶入房內，千萬不要覺得荒謬可笑。

那麼，萬一「中獎」了，怎麼做？

指南又說了，第一個方法是使用含有 chroracétyltrinitotoluène 或毒性相等的慣用殺蟲劑，噴灑後讓每一個隨後住進房間裡的朝聖客呼吸困難，接著五十年後人人得癌症。這當然是玩笑話。上面那個長得像條毒蛇的化學詞彙，在我那本收了六萬多個詞彙的法漢辭典裡根本找不到。

第二個方法則是使用比較環保、尊重人體健康的產品，例如以天然精油或驅蟲菊為主的除蟲劑。除非是對上述物品過敏的人，否則以這樣的產品噴灑在背包內外，小心注意擱置背包的地點、方式，從旅途的起點就保護好自己的背包，即可以避免困擾。

「那我們現在怎麼做？」盯視著指頭上那不到幾公釐直徑的帶血蟲屍，我的聲音裡有掩藏不了的沮喪。

「我去買罐環保除蟲液吧！好像這露營區有賣。」菲力一說完就往接待處走去。過了一會兒回來告訴我，老闆娘很抱歉地說賣完了。

「別擔心，她說明天我們去的村子應該有得買。」菲力出言安慰，勸我去把手指頭上的「證據」洗掉。

其實，在買到天然除蟲液來噴灑之前，還有大工程要做。必須徹頭徹尾，內外兼治地把大背包檢查、清理，包括那背部防震設計的泡棉上的微小孔洞。還有將所有的衣物，包括貼身睡袋，全部放進洗衣機用攝氏六十度的高溫清洗。沒法子這樣洗的，例如羽絨睡袋，那就得睜大雙眼，一公分一公分地檢查，為了找蟲！

什麼？有人想問是否有別的辦法？

有啊！指南上說朝聖客們也可以全身脫光光，然後把所有的衣物、用品、背包等放進一個大冷凍庫裡，在旁邊等兩到五天……。

走進美麗的神蹟

法國・戈蘭納克、孔克

收整好被臭蟲風波侵擾的心思，早上離開戈蘭納克（Golinhac）露營區時，我覺得自己似乎漸漸可以接受這個困擾，然後開始想找出一個解決之道。察覺到自己的煩躁而且接受它，這反而讓我心安。

陽光大好，照得四周景色明艷無比。今天一路上要經過的許多村莊，一個一個地從地圖上的平面名稱變成眼前的立體實景。就在我們漸漸汗濕時，那一對祖孫同行的朝聖客從後面走了過來。

昨天就已經和他們相遇過了。揹著一個中型背包的老奶奶，左腳有點跛，身旁的小男孫約莫小學五、六年級模樣，身上也揹了一個背包。互道日安之後，他們也停在樹下休息，小男孩拿出口袋裡的溜溜球玩了起來。

「今天真熱啊！」菲力先向老人家開口聊了一句。

「是啊！還好有樹蔭。」老奶奶貌似嚴肅，其實人挺和氣的。昨天和我們第一次相遇時，她提到在戈蘭納克村有家民宿，老闆會要求朝聖者圍坐在一起，說說自己朝聖的原因，這讓她很不喜歡。

「走聖地雅各朝聖步道是一件個人的事。」顯然已經走過這條路線的老奶奶總結。再度上路，祖孫兩人不疾不徐地走在我們前頭。望著老人家一跛一跛的堅定身影，還有小孩時不時地拋晃一下溜溜球的模樣，我跟菲力除了默默地滴下汗珠之外，不敢再多說什麼。

中午在一個小村的草地休息吃午餐時，突然看到一個滿臉通紅的先生遠遠地就對著我們微笑揮手。原來是兩個禮拜前在樂普依翁韋萊旅舍團體房的室友，英國人史蒂文。

「哈囉！啊！真高興看到你們。」史蒂文邊喘邊說。熾熱的日照下，身軀微微發福的他被曬得全身皮膚都透著桃粉紅色澤，而且泛著汗珠的水光。

我們問他一路可好？他咧著嘴笑：「是啊！我也沒想到可以走到這裡……」他轉頭右望，「沒關係，如果我現在死掉，你們就把我送進去吧！」他伸出大拇指，指指對面的圍牆內的小村墓園，我跟菲力忍不住笑了起來。

神色一斂，彷似想起什麼的史蒂文拿出相機說要幫我們拍照。

「你們是我這一次旅程中首先也是最後相遇的人，我只能走到今天，明天就要回去上班了。」開朗熱情的史蒂文目前在丹麥工作。他第一次出現時的模樣至今令

我難忘，在他的大背包上除了外加睡墊和睡袋之外，還插了一把黑色的大雨傘。「非常的英國。」菲力私下笑著說道。的確，我們在法國健行這麼多年，從來沒看過有健行者帶傘，而這一路上的艷陽顯然也讓史蒂文的大黑傘無用武之地。

拍好了照，史蒂文說他要到下一個村子再吃午餐。互相祝福一路平安之後，我們看著他的身影消逝在道路轉彎的地方。

不禁又想到史蒂文曾經讓我們連續兩晚都睡不好，住團體房就是得有迎接各類室友的心理準備，打呼者其實和睡不著的人一樣無辜。而且，鼾聲特色因人而異，聲波強度也有等級之別，史蒂文打起呼來頗具戲劇效果，有的宛如鯨魚噴水，有的悶沉如夏日午後雷雨，也有的高響如地雷爆破。我在輾轉反側之際，有幾次還忍不住笑出來。

我們還發現打不打呼跟性別、年齡無關，因為另外一位從波爾多來的年輕女孩也打呼，我們房間第一個晚上的曲目就是這兩位老少二重奏。後來波爾多女孩隔天就上路朝聖去了，只剩下史蒂文在第二晚獨自「上台」。有一對比我們晚了一天住進來的夫妻，在見識到了史蒂文的威力之後，其中的先生形容說：「哇！好像睡在啟動的農耕拖曳機旁邊。」

心思從史蒂文的鼾聲回到眼前的實景，午餐後繼續上路的兩人，全身垂汗地走在步道上。當路線延伸在小公路部分的路段時，遠遠地就可以看到三兩成群的朝聖客們無聲緩慢地移動，宛若沙漠熱氳中的幻影。

大家都在找樹蔭。儘管有遮陽帽及長袖襯衫的保護，菲力跟我也得時時在樹影中尋求短暫的庇護。健行經驗累積得越多，我越知道敬重路旁的樹，特別是老樹。每次要離開一棵提供我們一段清涼時光的樹阿公樹阿嬤時，我都會在那皴皺的樹皮上慎重地貼上手掌，在心裡默默地致謝。

好不容易步道路線終於離開了熱燙的柏油路，接下來的土石路面竟然是一路的下坡。膝蓋開始發出警訊，我察覺到身體的疲累浮現，在不停邁步的狀態下，神智似乎已無法控制腿部的抖顫。

「好累！」好不容易煞住腳步，輕喊走在前頭的菲力。喉頭焦渴讓我吞嚥口水時有種刺扎感，偏偏水又快喝光了。

「應該快到了！」

「希望是。」走吧！繼續折磨膝蓋。感謝上天賜我一雙可以走長路的腿，我知道自己沒有什麼好抱怨的。下，下，下，山坡再陡總有平緩的時候，我不相信這下坡山路沒有盡頭。

看！樹林深處有個出口，該不會是村子到了？我想加快腳步卻又怕跌倒，兩手使出最後的力氣把手杖握得像要嵌進肉裡。那樹叢後影影綽綽地透著金陽，小徑一出林子就融化進光裡，這就是我們今晚的歇腳地？

是，是孔克（Conques）。這個名聞遐邇的小村，自十一世紀開始就成為聖地雅各朝聖步道上的重鎮，因為它本身就是一個天主教史上的朝聖地。初始是在第八世紀末，有位修道士選擇了這處山林野地作為自己的隱修場所，而這第一步就是孔克建村的起源。有了修道院，再後來有了聚落，孔克村慢慢地走了一千年。直到現在名列法國美村的它，仍然跟從前一樣，靜靜地等待來到它面前的朝聖者。

可是，法國美村至少有一百多個，千年古村也不是只有孔克，它為什麼特別？

確實，這世上絕大部分的有名景觀都是以無以倫比的美感強度來震撼人的耳目心靈，使人無法反駁進而被懾服。可是，孔克不是這種姿態。

我們現在站立的位置是村子的高處。就如同這千百年來無數以雙腳徒步而至的朝聖者，我們俯瞰著眼前的孔克。

四周覆滿樹林的起伏山巒，一棟一棟依山勢而建的中古世紀民宅緊密簇擁著修道院及大教堂。和諧一致的魚鱗狀板岩屋頂，以謙遜的鐵灰藍來映襯牆面上的淡粉紅砂岩及淺金褐石灰岩。混和了石砌和木筋牆的建築風格，讓石頭與木材溫柔地對話，然後，一起變老。

也許，以上這些也不是只有孔克村才有，其他的法國美村或者歐洲別的地方也看得到古宅及教堂。但是，在這黃昏時刻，映入眼簾的千年朝聖小村，被前方斜照的夕陽打出剪影效果，整個沐浴在光中，每一景，每一物，全都鑲上金邊。

當居高臨下的我，視線順隨著眼前一道一道金色的光芒停駐在大教堂的鐘樓尖頂上時，在一剎那間，我彷彿聽懂了造物主在我耳邊說的一句話：「看！我送給人類的禮物。」

1 進入千年古村的那一刻

2 孔克村

孔克大教堂

修道院之夜

法國・孔克

走進沐浴在光中的孔克村，小路緩緩向下延展，將我們帶入村子的核心。

全部心思被孔克村的美感包覆的我，已經感覺不到抖顫的膝蓋和濕黏的襯衫。而當菲力跟我像千百年來的眾多朝聖者一樣，終於站立在傳說中的孔克修道院大教堂前方時，那整片被夕陽金霞照射發光的大教堂正面，讓微小如我的仰望者，似乎只能靜默。除了必須承認自己的才薄詞窮，同時也得謙遜地俯首敬服，因為眼前存在的景物，已經超出了人類的語言。

語言，是的，讓我回過神來的就是語言，因為突然有日語飄入我耳中。是一個日本觀光團正在專心地聆聽導遊的解說，眾人的眼光隨著女導遊的語句而移動，最後停留在那著名的「最後的審判」。

「最後的審判」，被認為是法國十二世紀羅曼藝術石雕中的經典鉅作，孔克大教堂大門上的半圓形門楣，以其繁複精細、栩栩如生的一百二十四個浮雕人物而聲名遠播。

「上天堂、下地獄的景象這麼逼真，這在大部份的人都不識字的時代，就是最好的道德教育了。」我望著那張開大嘴正要吞噬惡人的怪獸，馬上聯想到佛教裡的十八層地獄。

「走，我們去看看今天晚上有沒有位子。」菲力出聲提醒。兩人一齊走向大教堂後方的修道院接待中心。

全部客滿，明天的團體房才有空位。接待人員一說完，我們毫不遲疑地就說要預訂兩個床位。能夠在孔克修道院過夜，值得所有的努力。

孔克大教堂大門上的半圓形門楣，「最後的審判」

孔克村有露營區，對旅行預算而言，這是個好消息。我們朝村子的下方走去，因為露營區在河邊，村子的最尾端，也是最低點。「真累！」我感覺到自己的膝蓋又開始抗議。不容我多想，第二天清早爬坡回村子中心廣場時，換成是大腿肌肉在拉扯腦神經。那徹骨的酸，搔得人又哭又笑。

「唉唷唷唷……」我望著菲力咬唇忍耐的表情笑到肚皮發酸，倒忘了自己也是齜牙咧嘴的猴樣。

不過，這一切都是值得的。當兩人站在聖

1 小時候，住在隔壁的堂姑丈就是木雕師傅，看著眼前的教堂石雕像，讓我聯想到以前姑丈雕刻時的專注神情，還有，容許一群小毛頭看他工作的寬容。

2 啊！這一位沒有鬍子

洛克小教堂（Chapelle Saint-Roch）前方，以微微仰觀的角度凝視晨霧中的孔克村時，昨天下午被黃昏金粉灑滿的村子，今天以回歸本質的絕倫素顏又一次攬我入懷。

這是世界上的第一個早晨？抑是千年來的每一個早晨？

忍不住拿出相機，卻立即覺得自己按快門的聲音驚擾了周遭的一切。其實，除了我們並沒有其他人在附近，時候尚早，如果不計遠方一、兩個在菜圃間的村民身影，霧紗繚繞中的孔克村還沒完全自夢的國度中走出。不過，越寧謐的環境，也越讓

晨光中的孔克村

人察覺到自己的笨重叨擾。

隨著入村小路的步步攀升，進了上層有民宅的巴利城門（Porte du Barry）之後，清早的孔克村終於甦醒了。到麵包店買了出爐不久的可頌及巧克力麵包，兩人進了大教堂附近的咖啡館，以法國人的習慣，帶著自己剛買的麵包進去點了兩大杯的鮮奶咖啡。

今天是我們朝聖之旅中的參觀日。為了等下午兩點才能入住的修道院接待中心，我們從日日前行的節奏中暫時跳離，有了悠閒的機會來細細品嘗孔克的千年芬芳。在這樣一個每棟民宅都有古蹟的風華，每一個古蹟都被照料得宛如自家宅院的地方，倉促囫圇是一種生命的浪費。

有趣的是，似乎孔克村本身的氛圍也足以讓來訪的人安寧下來，遊客加上朝聖客，人來人往的小村卻一點也不顯得紛亂。

下午兩點準時向修道院報到，接待人員有神父也有義工。進了中庭之後，義工人員要求每一個入住者把大背包放進已經噴好殺蟲液的黑色大塑膠袋裡，並且換下健行登山鞋之後，才可以進入房間。看得出來，他們預防臭蟲散佈的工作做得很徹底。

進了團體房，朝聖客可以自己選位子。

「不錯！不錯！我們的窗景一個是中庭，另外一個是……墓園。」

安頓好床位之後，第一件事就是洗衣服，趁著陽光還熾烈，也許傍晚就乾了。在大盥洗室裡，不少人跟我們一樣在刷刷洗洗，朝聖之旅其實也脫離不了日常所需。

晚餐由聖歌和祈禱開始，幾乎全是由義工做各種服務。中古城堡般的大餐廳中，氣氛暖適，看不到一雙愁眉，這和平常的法國街頭多麼不同啊！更教人感動的是，晚禱時間在大教堂為朝聖客所舉行的祈福彌撒。風琴的樂音溫熱地撫過每一個人的心頭，聖樂響起，站立在起身的群眾中，我仰首朝大教堂的穹頂凝望，不是天主教徒的我也被這樣的信仰力量澆灌了。

遙想修道院及大教堂的命名起源，聖芙娃（Sainte-Foy）是一位於西元三〇三年殉教的少女，她的金身塑像如今是此地的鎮院珍寶，連同其他聖物使孔克修道院及大教堂，成為眾多天主教徒的朝聖之地。

是什麼樣的力量，讓一位少女可以捨棄生命而堅持信仰呢？我無聲地朝高聳的頂宇提問。回到我自己，我又相信什麼呢？

彌撒之後，眾人回到修道院，各自盥洗入眠。想到睡團體房的過往經驗，我知道一定避不開遇上打呼者的機會，果然，我也沒有「失望」。

寂寂長夜，窗外墓園的肅靜和房內打呼室友們的互相呼應形成對比，我的修道院之夜，只能慢慢地搖晃前行。而且睡在上鋪的我每當挪動翻轉身體時，總是需要小心翼翼地避免做出太大的動作，就怕吵到睡下鋪的菲力，雖然感覺上他也是時睡時醒。

矇昧不明中，我一腳前一腳後地在夢的國度裡跨進跨出……。

突然，「鈴——鈴——鈴——」

咦？是什麼？

「鈴——鈴——鈴——」聲音越來越清晰。周遭床位開始有人起身探問，也有人跟我一樣仍然分不清是夢是真。

「Incendie！（火災）」終於有一個關鍵字被我的大腦辨識出來。

這下子所有的人都醒了，急忙起床、下樓，大團體房裡一片騷動。菲力跟我也是，一手抓起枕頭旁的相機包和隨身包，一手抓外套，拖鞋一套就跟著眾人快步走出房間。

就在這幾秒間的行動中，一位睡在我們旁邊的中年太太似乎仍然反應不過來，頻頻問我們：「怎麼了？怎麼了？」

「夫人，是火警！」我回答了好幾次才讓她意會出來必須下床避難。

一出房門，只見迴轉樓梯上滿滿地都是人，大家挨挨擠擠地下了樓，幸好情況倒不是太慌亂。走到修道院大門外，不同國籍的朝聖客們擠在一起，小聲地詢問狀況。大家好奇地探頭四望，未見火光，但不知是哪個地方的警鈴被觸動了。

不久，有位神父出現。他向眾人宣布：並沒有火災發生，極可能是有人違規在屋內抽菸而觸動了煙霧偵測器。所以，虛驚一場，請大家回房。眾人又陸陸續續地回房了，而且慶幸平安地互視而笑，氣氛輕鬆極了。菲力跟我再一次互道晚安，分別鑽入自己的睡袋裡。

這一段讓上百人大費周章的火警插曲，居然讓我有意外的收穫，不再受別人鼾聲的侵擾，很快就睡著了。聖芙娃修道院的夜晚，奇妙吧？

法國・蒙特東

重逢

蒙特東（Montredon），一個小小的聚落，但是有一座維護得不錯的教堂，而且有民宿。因為時間還早，結果所有的朝聖客都不約而同地走到教堂附設的小休息室裡，等待民宿開門。

「啊！是您！」才一踏進屋裡，就看到那祖孫同行的老奶奶，小孫子又在旁邊開始玩他的溜溜球。

互道日安之後，老奶奶說他們今晚也要在蒙特東過夜，瑪麗歐特（La Mariotte）民宿，我們今晚的歇息處。開門時間一到，大家都來了。主人熱情，環境潔淨，各組人馬被體貼地安頓在不同的房間裡。

「我真喜歡這些完全用木頭做的家具。」其實整個房間也都是木製的，陽光斜照進來，我好像置身在自己夢想擁有的房子裡。

「他們的花園草地好大！」菲力倚在窗畔往外俯瞰。

這的確是一個適合開民宿的家園。在洗澡、洗衣、晾衣之後，每個老小都在美麗的花園裡找到自己休憩、玩耍的地方。晚餐桌畔，老少朝聖客圍坐一堂，男女主

人並不跟客人一起吃飯，而是細心地照料一切，讓客人互相聊天。再度重逢，似乎讓原本彼此陌生的朝聖者變得比較容易聊到自己的事情。老奶奶告訴我們她已經走過四次全程的聖地雅各朝聖步道了！

「這一回啊！是我孫子主動說要跟我一起走的。」

孫子幾歲呢？「十歲半。」法國孩子對自己的實際年齡很在乎，答案往往很精確。問他走得累不累？酷酷的十歲半男孩聳一聳肩，輕鬆自然地說不會。

有人問民宿主人，為什麼取名為「瑪莉歐特」？答案很單純，原來是這棟家屋的前任女主人的名字。他們向老太太買下房子，整修成為民宿後，決定用瑪麗歐特來命名，向照顧這個美麗宅院並且在此生活了一輩子的老太太致意。

互道晚安並且謝過主人的豐盛晚餐之後，大家都上了二樓準備就寢。夏夜清風徐徐，晚霞雖褪，但是呈現深寶藍色的天空並不肯變暗。菲力跟我倚著房間木窗向遠方眺望。

是嗎？那兒就是明天要去的地方？第一年的聖地雅各朝聖之旅快完成了？我覺得這一切不太真實。

斐加克

法國・斐加克

兩百五十一點九公里

離開瑪麗歐特家之後，一路悠緩寧謐，鄉野小村、小聚落的安詳氛圍，讓人心情愉悅。下午三點十分，我們終於進了斐加克（Figeac）。

和孔克村一樣，斐加克建城的起源也跟宗教有關。遠在第九世紀，一座修道院設立於此，然後漸漸地有了聚落，而且日益繁盛。自十二世紀開始，本城的商業活動擴展至全法國；到了十三世紀，更將通商網絡延伸至歐洲各地及地中海地區。在英法百年戰爭爆發造成國際貿易停滯以前，斐加克是法國南方最繁榮富裕的城市之一。

「光是看他們的遊客中心，就知道以前這裡多繁華！」看到由中古世紀富商宅邸改建的市府觀光服務處，相信任何人都會發出跟我一樣的讚嘆。不過我們今天晚上的落腳處並不是在處處古蹟的老城，而是加爾默羅會（Carmel）修女院附設的招待所。不接受預訂，下午四點開門，必須到現場才知道有沒有位子。負責接待的教會義工是一對老夫妻，在知道我的國籍之後，老先生馬上說他在八〇年代時曾在台灣的中部工作過。

「是啊！我還記得路上高級車好多，不少人吃檳榔吐紅汁，還有，有蛇！」老太太邊說邊笑。

我們也都笑了，因為不少法國人去台灣以前都知道有毒蛇，包括菲力。他曾經一臉正經地告訴我：「妳別笑，指南裡說台灣的蛇是全世界最毒的蛇之一！」

招待所裡雖然設備簡單，但是義工們有提供朝聖客晚、早餐的服務。唯一特殊的是，他們不訂收費標準，而是讓住宿者自己決定金額，自行投入收費箱。

加爾默羅會修女院裡的成員不能與外界接觸，唯一可以現身的是一位至少八十歲以上的老修女，她負責買菜及照顧招待所裡的事務，和義工接觸的人也是她。晚上老修女到招待所裡看看情況，那神態彷似一位村莊裡的老太太找鄰居聊天一般，只不過身上穿的是修女服罷了。

「明年繼續？」幫我們蓋好朝聖章、簽上日期以後，兩位老義工問道。

是的，曾經去過我家鄉的老人家，我會繼續往前走的。路已然展開，在一千五百二十二公里的長度上，我們自樂普依翁韋萊出發，歷經十五天的踏行終於抵達斐加克，完成的里程數是兩百五十一點九公里。

六分之一。

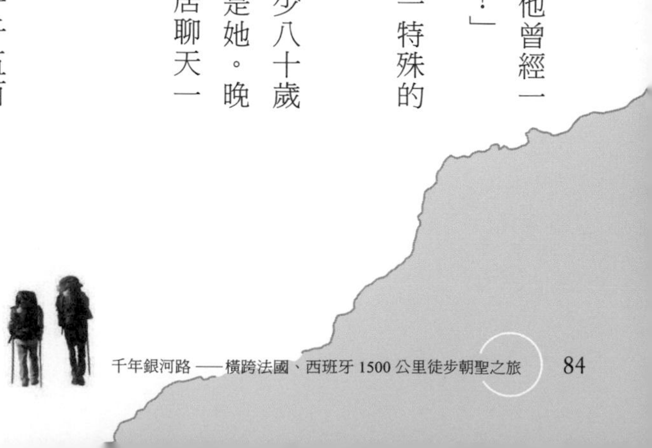

麵包店總是能吸引我的注意，更何況只有三十公尺的距離……

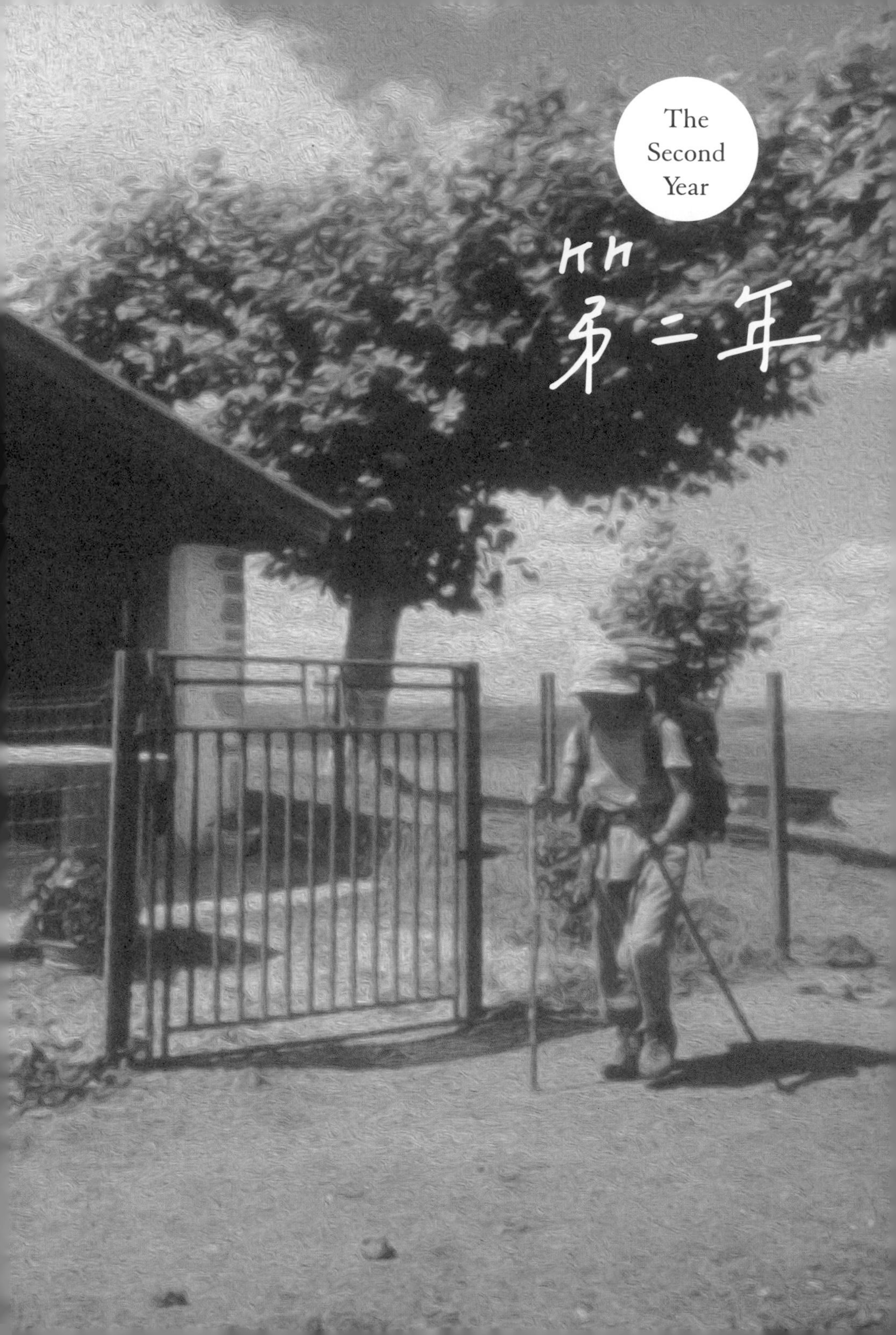
The Second Year
第二年

大西洋
巴約納
Bayonne
Arzacq-Arraziguet
Miramont-Sensacq
Eauze
Condom
Moissac
Auvillar
La Romieu
Montréal-du-Gers
Nogaro
Dubarry
Aire-sur-l'Adour
Navarrenx
Pomps
Arthez
Aroue
Maslacq
Stèle de Gibraltar
Ostabat
Saint-Jean-le-Vieux
Saint-Jean-Pied-de-Port
Honto
(Huntto)
Roncesvalles
(Roncevaux)
Pau 波城
Tarbes 塔布
Lourdes 盧爾德
Toulouse
圖盧茲
法國
安道爾
西班牙
第二年路線
第三年路線
0
30
(km)

法國・斐加克

埃及古文字學家和金字塔旅館

一個天才可以留給他的家鄉什麼呢？在斐加克的例子是，那個天才留下了他的姓氏，讓家鄉以他畢生投注的學術領域，建立了一座在法國甚至全世界都不多見的博物館，使得斐加克有了永遠不滅的文化觀光焦點。

這個天才是商博良（Jean-François Champollion）。一七九〇年出生於斐加克，傳說在他父親開的書店裡，學齡前的小男孩早已自己翻書學認字，九歲時就嘗試讀荷馬史詩。十一歲離鄉到大城格勒諾布爾（Grenoble）與哥哥同住，而且受到兄長的影響，也對埃及文化著迷不已。對學校課程感到索然無味的他，反倒喜歡在哥哥的協助下，自己學習東方古文明地區的語言文字。相當於現在小學快要畢業的年紀，商博良自學的語言文字包括拉丁文、希臘文、希伯來文、阿拉伯文、古敘利亞語、波斯語、梵文以及中文。

十四歲撰寫了關於希臘神話的著作，接著又一部東方地理學字典問世。十六歲便在學院裡提出自己的學術觀點的他，得到文學博士學位時，才僅僅二十歲。

除了天才這個敬稱，我們實在找不到別的詞彙來形容這樣的人。不過，我們更不

可以忽略的是全身燃燒著學術熱情火焰的商博良，在造物主賜予的才華之外，他所付出的心力有多麼巨大。這位在歷史上第一個成功解譯了古埃及象形文字的學者，在一八二二年九月十四日，對埃及學來說是一個靈光閃現的時刻，首次領悟出埃及古文半表音半表意的特性，撥開了覆罩埃及古文明的學術迷霧。全心全力地傾注了十五年的心血，才找到進入堂奧的鑰匙呀！商博良在狂喜之後，竟然中風昏迷了五天。好不容易甦醒過來後，第一件事便是提起筆寫信給哥哥：「我成功了！」

現代的訪客走進設立於商博良祖屋的世界文字博物館時，一定會被中庭地面上的超大黑色花崗岩片所吸引。上面鐫刻了三種不同的文字，圖畫般的趣味常引得小小孩低頭注視，光著腳丫子在上頭跳躍，一邊還用腳趾頭配上手指去指認描摹。

這就是著名的羅塞塔石碑（pierre de Rosette）。高度約一公尺多的真蹟現存於大英博物館，在這裡的是放大版的複製品。原是拿破崙在一七九九年出征埃及時，其手下軍官發現的一座古埃及石碑的一部份，上頭以三種不同的文字：古埃及的象形文字又稱聖書字、古埃及的民書字或稱俗體字，以及希臘文，記錄了同樣的內容——西元前一百九十六年法老王托勒密五世的詔書。奠基於三種文字同時列出所提供的對照功能，商博良自一八〇八年開始投入羅塞塔石碑文本的研究工作，以他深厚的東方語文知識，再加上全身心的投入力道，才能夠獲得一八二二年的成功解譯。

數年後，商博良終於一償宿願地抵達埃及，更加勤奮地埋頭研究。著本地服裝、蓄鬍，讓自己完全融入埃及社會，而不僅僅是一位埃及文字學者而已。

「當年，從法國坐船到埃及要十七天。」我看到相關資料這樣描述，腦海裡浮現出想像的畫面：雙眼晶亮、手扶船舷，在風浪中忍受顛簸之苦，卻滿心充盈興奮之情的商博良。

在埃及的他馬不停蹄地考察、研究、撰寫，以十五個月的時間走遍這尼羅河王國。在他寫出的著作中，最耀眼的是一部埃及文文法和一部字典。可是，他自己卻無法看到這兩部嘔心瀝血之作的出版。因為經過如此不眠不休的工作方式，回到巴黎以後的商博良，在一八三二年三月四日，彷彿用盡全身力氣般地，以剛滿四十一歲不久的英年身軀，鬆開他緊握一生的筆，撒手離世。

「這個人是注定一生就是要為埃及文字奉獻，或者說燃燒嗎？」讀著商博良的事蹟，站在以他為名的博物館中，令人很難不去思考他生命的密度和質感。

二〇一三年的現在，菲力跟我從法國北方的里爾搭火車經巴黎南下，第二次來到

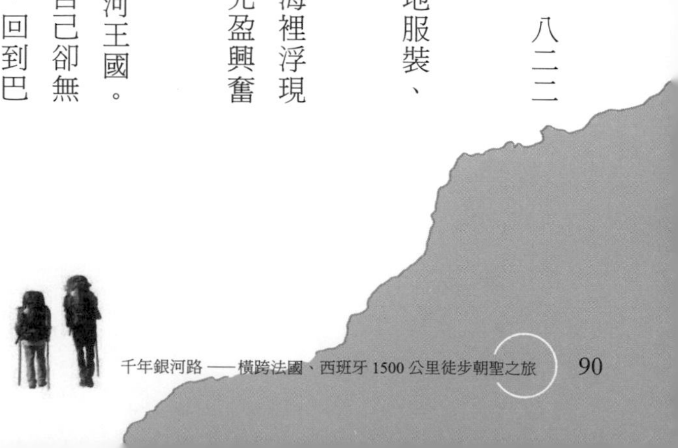

法國大健行步道第六十五號—— GR65，也是我們正在走的朝聖步道，我們沒迷路！

商博良的家鄉，準備展開第二年的聖地雅各朝聖之旅。我們用了自己的方式來緬懷這位擁有熾熱人生的天才。

「日安！」滿手臂刺青的老闆跟去年一樣熱情。

「我們去年來您這兒住過兩晚。」登記時，我微笑地對這位有那麼一絲江湖氣息的大哥老闆談起。

是的，今晚我們在埃及文字學家商博良的出生地，住在金字塔旅館（Le Pyramide），每個房間都以這文明古國的有名帝王命名。

「埃及豔后克麗奧佩脫拉的房間是幾號呢？」揹著大背包的我一邊上樓，一邊回溯去年的記憶。

一二四一

現在是二〇一三年七月十五日，我們的聖地雅各朝聖步道之旅第二年正式出發的日子。為了讓身體可以循序漸進地上路，我們只走了十二公里多一點的路程便休息。

「真熱！是不是我們住北方的關係，來南部就覺得酷暑難耐？」下午好不容易抵達準備過夜的露營區時，大汗涔涔的我禁不住心中懷疑起來。

在這樣的氣溫狀態中，眼前一個個跳入游泳池的身影，大概是快樂盛暑的最佳代言人。藍汪汪的池水晃得人滿眼滿心的清涼快感，這露營區 Pech-Ibert 真是個好所在。

「叭！叭！叭！」有輛比薩車開進來，用喇叭聲向大家打招呼。

「一個『羅勒』，麻煩您！」

「好！可能要等四十分鐘哦！可以嗎？」當然沒問題，八點五歐元就可以吃到熱騰騰的比薩，我們連感謝都來不及呢！

回到我們的帳篷位子，發現緊鄰的位子上剛來了一個爸爸帶著兩個小男孩。互道日安之後，我看到兩個小男生迫不及待地往游泳池衝去，那個爸爸俐落地搭好帳篷後，也抓起大毛巾去找小孩。

菲力跟我不約而同地都想到了去年遇見過的健行小孩們，尤其是艾文。我們跟他媽媽後來互相寫過幾封電郵，也互寄過小禮物。艾文媽媽說她們母子倆今年還不確定出發的日子。

「隔壁的一家三口好像沒帶驢子。」兩人一齊轉頭望向鄰居的位子。是沒有驢子的蹤影，也有可能是留在露營區專門留給驢子的地點。

隔天一早，吃過露營區每人五點五歐元的早餐，我們和鄰居一家三口互道一路順風之後上路。又是日頭赤豔的一天，走了不知多久，卻看到後面走來了那一家三口。啊！終於看到他們家的「驢子」了！

原來就是那個爸爸。他自己一個人前胸後背都揹了背包，讓兩個年幼的孩子身上毫無負擔，只要好好走路即可。在這熱氣蒸騰的路面上，遠遠望去，彷似一個膨脹的忍者龜帶著兩個小跟班。

今天的路程長度約十八公里，但是吃過午餐後居然還有一半的路途要走，這樣的比例並不理想。平常我們總是努力在吃午餐前，走完當天百分之五十以上的路線，讓下午比較沒有壓力，因為身體精力是遞減的。

「天氣太熱，影響很大。」下午第一次小歇時，俯瞰山下的卡佳克（Cajarc），我只覺得舌乾喉焦，真懷疑自己走得到那裡的露營區嗎？

沒力氣也得走。傍晚向卡佳克的公營露營區辦公室登記完之後，我跟菲力慢慢走向步行者專用的區塊，一下子就看到忍者龜爸爸他們的帳篷。

「天哪！衣服洗好晾好，他們早就到了。」我並不想用汗顏這個詞彙，因為這並不是一場比賽，但是，必須承認自己比那兩個小孩遜。

卡佳克是小說《日安憂鬱》（Bonjour tristesse）作者莎岡（Françoise Sagan）的出生地。稍晚我們在鎮上的遊客中心看到她的名字被標榜為本地名人之一，她的老家也成為文史漫步路線上的一個參觀地點。

擁有圓形老城的卡佳克，昔日的老城牆已在一六二三年被來自巴黎的王權下令拆除。面積不大的它，也曾擁有過富裕繁盛的時光，雖然十四、五世紀時的英法百年戰爭，以及後來天主教與新教之間的宗教戰爭，讓卡佳克和本地區其他的城市一樣遭受了重大的打擊，小城還是穩穩地走到了二十一世紀。讓訪客如我，可以

手拿一張長形摺頁的觀光簡介地圖，將一棟一棟的老屋古宅，從十二世紀看到十九世紀，任意穿梭於時空之間。

「卡佳克的遊客中心原來是一座十九世紀的小教堂，真特別。」

菲力點點頭，轉頭來問：「妳記得他們門口放的，告訴朝聖者還有多少公里的牌子？上面寫多少？」

記得，我已經抄在筆記本上了。我們離西班牙的聖地雅各還有一千兩百四十一公里，而已。

法國・利莫涅翁凱昔、普達利

晚安！普達利

又是日頭高懸的一天，如我心中預料的，忍者龜爸爸他們父子三人比我們晚出發，卻再一次超越過我們。等到下午抵達利莫涅翁凱昔（Limogne-en-Quercy）的露營區時，呵！他們的帳篷早已昂然卓立，旁邊兩棵樹之間綁出的晾衣繩上，洗晾好的大小衣褲在風中如旗幟般飛揚。

不見人影，想必已經歡欣如魚地在營區旁邊的游泳池裡嬉戲了。

睡覺前在盥洗室前面遇見這個神奇家庭的兩個小男孩，在稱讚他們的勇氣和腳力之後，好奇地問兩個孩子的年齡。

「我六歲，我哥哥九歲。」弟弟活潑自然地回答。

隔天早上出發前，第三次向父子三人說再見，互祝順風。稍早我看到先起床的忍者龜爸爸為了提前收帳，讓已經醒來的小哥哥先到旁邊吃早餐，而那還在沉睡中的弟弟呢？就被爸爸像搬運珍寶一樣，從帳篷中小心地抱出來，緩緩地放在帳篷外的軟墊上，照睡不誤。

今天的路線有一部份是在路況不錯的林間步道上，綿延不絕的古老石垣一路相隨，上頭覆滿厚密的青苔。只是天氣實在太熱了，曬到太陽的青苔也顯得乾黃無比，彷如發出缺水的求救訊息。幸好中午經過的小村，與德國音樂家巴哈姓氏寫法相同的 Bach，有一大片草坡，而且有樹蔭供人休憩吃午餐。

下午再度上路，威猛的太陽先將步道上的石礫曬燙，再讓這些泛著白光的石頭將光焰反射在步行者身上，教我時時有健行鞋被烘到發軟的錯覺。

「這是石灰岩高原地形，法文說的 causse 是嗎？」我邊擦汗邊向菲力求證。

傳統小石屋

中文把 causse 這個名詞，音譯成「喀斯」，指法國中部和南部的石灰岩高原。而我們的 GR65 路線，這三天也都是在凱昔喀斯地區自然公園（Parc naturel régional des causses du Quercy）裡伸展，難怪步道旁的矮牆或路面上都是白色的大小石塊。

「這洛特省也真有決心，把全省一半的面積都劃進了這個自然公園。」

「你看！他們的觀光口號很有趣！」原來在地圖摺頁上印著：Très nature, très actif, très Lot（很自然，

1 洛特及鄰近地區的傳統鴿子樓。

2 沒有什麼巴洛克花飾，路過的我們還是可以感受到教堂的莊嚴。

很活躍，很洛特）。難怪他們有好幾個村子入選法國美村。維護環境才能創造出美景，有美景才有觀光資源，也才會有經濟動力。

今天晚上我們過夜的地方是普達利（Poudally），一個連聚落都稱不上的地方，照地圖上看起來，只有兩個黑點，代表著兩棟建築物。

普達利健行旅舍可以容納二十七人住宿，房間有二、三、四、六人房不等，價錢也不同。我想了想，為了避開打呼者的困擾，還是選了貴一點的雙人房。

「答應你，我們明天又會去住露營區。」放下沉重的背包，我胡亂說著。

晚餐時間更是我「懺悔」的重要時

刻，上天哪！享受這些美食的我，愧稱自己是個朝聖者。前菜是有北非風格的麥粉粒庫司庫司，混扮了蒲公英嫩葉及柳橙丁塊的沙拉，主菜是紅酒燉肉配上綴有紅蘿蔔的馬鈴薯泥，甜點則是草莓塔。全部都是新鮮自製的餐點，吃得一屋子的朝聖客都顯露了老饕的滿足神色。

男主人推出小餐車來收盤子刀叉時，眾人紛紛致謝，一身斯文的他露出了淺淺的微笑點頭回應。他太太才是負責說話的人，招呼大家的事都是她負責。他們那才出生沒幾個月的嬰兒，一直留在餐桌旁邊的小躺椅上，眾人喧嘩逗弄也不會啼哭。忙得團團轉的女主人顯然已經把孩子訓練成功，她說這寶寶已經習慣家裡有很多人了。

餐後大家排隊付錢，我看到櫃檯上有一些寄賣的手繪漫畫卡片，內容都跟朝聖有關。有一張是一個女孩坐在床上，握著她腫痛的腳自語：「我從沒想過有一天我照顧腳的時間會超過臉。」

輪到我們了。講話快速的女主人，一面親切地問我們明天的路線計畫，一面做收錢開收據的動作。菲力跟我誠摯地謝謝他們的招待，我更說到他們夫妻倆帶一個小嬰孩，要照顧這麼大的地方真是不簡單。她邊笑邊用力點頭。

屋子外山景沉靜，幾顆星子在天，我想普達利之夜是適合做夢的，晚安！

法國・卡奧

美麗又親切的城——卡奧

洛特省的命名來源是一條河流，洛特河，由東向西，藍寶石項鍊般閃耀於洛特省的中央地帶。

「好彎的河！是不是跟石灰岩的地質有關啊？」看地圖時，我第一個印象就是洛特河簡直像是九彎十八拐的河流版。而我們今天的目的地卡奧（Cahors），就立足於洛特河的一個大河灣平原上。本體呈東西走向的河，在這裡卻是南北流向，氣勢澎湃地繞了一個又大又深的U字形，讓卡奧彷若一個被護城河環抱的城堡小王國。

顯然，要走到這個小王國必須滴下汗珠才行。在抵達之前的綿長下坡路段，菲力跟我踩在被陽光曬得有軟墊觸感的柏油小公路上，身體一直發出疲累的訊號。

終於到了。穿過橫跨在洛特河上的路易—菲力普大橋，在入城的橋頭旁，看到了招牌高懸的朝聖客接待中心。這麼貼心的待客之道，使人對卡奧馬上心生好感，對初來乍到的我們來說，能夠不必費力地就取得一張城市地圖找露營區所在地，

親愛的朝聖客，卡奧歡迎您！

真是值得感謝。

「這地圖上的比例尺如果可靠的話，嗯，要到露營區至少得走……兩公里！」

事實果然如此，在體力已處於強弩之末的情況下，卡奧的露營區真……真遠啊！

幸好是個舒服的地方，隔天又是我們的休息日，一切都彌補過來了。一大早走回老城逛市集。好一個熱鬧繽紛的露天菜市場，花果菜肉，色香俱美。逛一圈市場下來，午餐晚餐都有了，還買了本地特產的山羊乳酪卡貝谷（cabécou）。

「那個賣乳酪的年輕人有點害羞，攤子小小的，也不敢招呼人。」我猜想是個年輕的牧羊人賣自己生產的乳酪，被旁邊的攤子一比，簡直快讓人看不見他的存在。

被洛特河環抱的卡奧老城

「對！所以我向他買。」菲力說。

卡奧的歷史古蹟不少，最引人注目的除了建於十一、十二世紀的聖艾提安大教堂（Cathédrale Saint-Étienne）之外，便是十四世紀建成的瓦朗特雷大橋（Pont Valentré）。它已成為卡奧的市徽圖像，每一本有提到卡奧的指南上，一定都有這座大橋的照片。

果真是好漂亮的橋！六個橋拱，三座防禦塔樓，等到我們真正穿越整個市區，來到它面前時，那拔地而起的第一座塔樓就讓我脖子仰得痠疼。再加上可能是陽光的關係，石砌的橋身和塔樓的色調已快接近白色，視覺上更顯得碩大無朋。

俯視橋下的悠悠洛特河，再仰觀明天即將攀登的橋後山徑步道，我想，還是再轉回卡奧老城去，當個一天的悠閒旅人吧！

「是啊！今天的花特別漂亮！」（卡奧老城）

「看書上說，這裡的松露和葡萄酒都很有名。」我對菲力說這些話，其實心裡是抱著遺憾的，因為在健行途中，這些都不能帶。尤其是卡奧葡萄酒可是具有AOC產區名稱管制認證的好酒，因為酒色深沉而有「黑酒」的外號。至於松露，我在法國住這麼多年了，從來沒買過，一來因為貴，二來因為菲力並不喜歡松露的味道。托婆婆的福，她有一年在聖誕節時做了一道松露炒蛋，這才讓我體驗了一回。

那怎麼辦？剛才在路上，發現老城小街裡有家手工義大利冰淇淋店，這是個「彌補」的好方法。嗯，讓我想想這次要點什麼口味……是黑醋栗配黑巧克力好呢？還是紅覆盆子加香草？或者，水蜜桃搭咖啡？

法國．雷馬蒂厄、拉巴斯堤德馬赫納克

「真想早點吃晚餐」民宿

離開卡奧的時刻來臨，清早收帳後自露營區出發，一直到穿過市區，跨越洛特河上的瓦朗特雷橋，GR65馬上攀山而上，進入大爬坡路段。

上了丘陵頂部之後，第一個休憩點出現，是一個超迷你聚落，雷馬蒂厄（Les Mathieux），有家民宿在大門口附設了咖啡座。就在我們小啜了幾口咖啡之後，有一對之前在步道上相遇過的夫妻也走了過來。其中的太太一看到我們，馬上大喊：「你們作弊！」

我們聽了都愣了一下，菲力反問：「啊？為什麼？」接隨而來的是令人尷尬的沉默。

大概是自覺失言，原本也想在這兒休息的夫妻兩人，過了一會兒就走了。菲力忍不住說：「法國健行協會的影響力太大，我們剛才不想跟著他們的步道路線彎進去旁邊那個小村子，繼續走直線過來，你看！結果那個太太就有這種莫名其妙的反應。」我拍拍菲力肩頭，沒關係，健行風氣盛行是好事。

繼續前行。中午在小村拉巴斯提德馬赫納克（Labastide-Marnhac）教堂旁吃午餐，幾棵有著大葉片的樹提供了蔭影，而且可以取水。飯後再出發，太陽威力達到鼎盛時段，下午抵達預定過夜的農場民宿時，我覺得自己已經快要變成鹽漬小黃瓜，喔，不！是香蕉乾，黑黃瘦小的香蕉乾。

「汪！汪！汪！」有狗來迎，是隻氣質沉穩的大狗。牠從屋子裡出來，先叫吠三聲通知主人，然後就親切地走向我們這兩個大汗淋漓的朝聖背包客，搖尾致意一番。

互道日安之後，安靜斯文的主人引領我們進入客舍。

「您的狗叫什麼名字？」「Flamme（火焰）。」

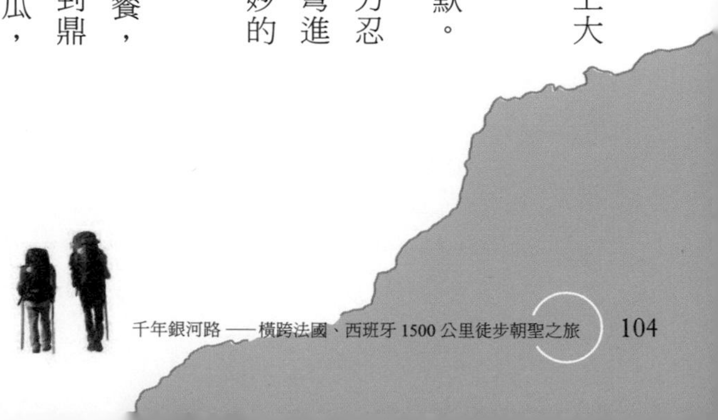

火焰的眼神很柔和，牠雖然跟隨我們，但是一走到客舍門口就停住，自個兒留在門外。

「這裡以前是馬廄，我自己翻修了兩年之後，將一半的地方修建成民宿。這房子牆壁很厚，有六十公分，你們感覺到了？儘管外面天氣很熱，但是屋子裡很涼。」主人停頓一下，又指著窗戶說：「這些窗子面南，被做得窄窄長長的，就是為避免熱氣進來。因為保持涼爽對馬廄來說很重要。」主人說完之後，示意我們跟他上樓去看房間。

相反地，二樓很熱，因為屋頂的天窗讓陽光直灑進來。我們選了其中一間房，放下行李又下樓來。

「這裡有廚房可以自己準備晚餐，如果你們需要什麼食材，櫃子裡都有，你們自己選擇後再告訴我就可以了。」主人簡介完後，就又跟火焰一起回他的家屋去了。到目前為止，只有菲力跟我住進來。幽靜的一樓，廚房與客廳相連，一架老鋼琴無聲地立在客廳一角，似乎在等待著什麼。

「看！他們的留言簿上有繁體中文。」我津津有味地讀著簿上的文句，猜測著這是一位台灣人或香港人的筆跡。另外，其他的東亞洲國家也都有人來過，日文、韓文和簡體中文都出現了。

菲力跟我的獨享寧靜時光，在傍晚時宣告結束，因為有一個團體來了。

「歐拉！」「歐拉！」聽這招呼語，知道是一群騎自行車的西班牙青少年，有趣的是，他們的父母開車伴隨，到了晚上會合就成了親子旅行團。

一個晚上互動下來，我的心得是這群西班牙人很有禮貌，在使用共用廚房、餐桌時都很客氣地禮讓我們。可是，他們無法早睡，一直聊天到深夜。菲力跟我努力地維持平常健行時的上床時間，一遇上晚睡的西班牙人就得棄械投降。

還有另外一個原因讓我們睡不好，那就是籠罩不退的暑熱。邊睡邊流汗，一夜醒醒睡睡，朦朧之中，我跟菲力說想把天窗開大一點，結果差點夾傷我右手無名指。呼！怨誰呢？下午我還讚美了這裡的陽光，我們洗的衣服，曬四個小時就全乾！

不管睡得好不好，隔天又是全新的一天。我們預約了民宿的早餐，一早下樓就看到主人已在廚房，餐桌上擺好了麵包、奶油、果醬、麥片、牛奶、果汁等等，杯盤俱全。

一邊吃一邊想到這農場民宿的名字 Trigodina，連菲力也猜不出來它的命名來源。

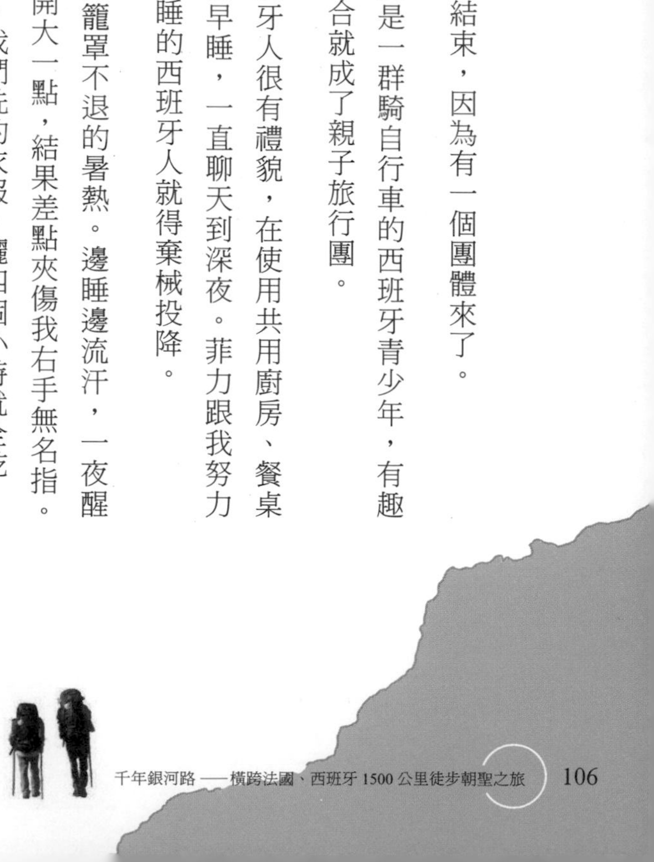

「這是這裡的方言。」主人邊為我們斟上咖啡邊解釋。「意思是真想早點吃晚餐。」「啊?為什麼?」

「這名字不是我們才有。古代的人在辛苦工作了一天之後,想到要回到自己那個離村子最遠的家,就會嘆一聲:真想早點吃晚餐啊!漸漸地,每個村子都把那個離村子最遠的房子叫這個名字。」

昨天看來並不多話的主人,今天早上似乎很願意跟我們分享他的故事。在我輕輕一問這個農場的歷史之後,他說著說著就描出了自己的人生軌跡。

「我不是在這裡土生土長的,我老家在法國東北邊。」語調平緩,但是卻是一個有跌宕起伏的生命故事。

二十歲時第一次來這地區當馬術夏令營的輔導員,對洛特省的南方一見難忘。後來有人問他想不想從事馬術的專業工作?他考慮之後,真的放棄了大學學業,直奔南方。先到馬賽學做馬蹄鐵,成為專業工匠後,便來洛特省南部工作。

「這農場本來已荒廢了四十年,原先的主人只做基本的照顧工作。後來我買下來,自己翻修。」他略頓一下,接著說後面的故事。

在經歷了離婚之後,翻修工作停頓了許多年,一直到遇見現在的太太娜塔莉才又

「真想早點吃晚餐」民宿招牌

重新投入，終於在二〇一〇年開了這家民宿。

出發前，我走到幾十公尺遠的主人家屋旁，徵得同意後舉起了相機，拍他家房子上的馬蹄鐵招牌。

「再見！再次謝謝！」菲力跟我終於要出發了。酷酷的男主人揮了揮手，火焰也對我們搖了搖尾巴。

「主人好，狗就友善。」我對菲力說出自己的感受。

法國・蒙居克

「我的屁股」村

法國有許多村鎮以名字特殊出名，而所謂「特殊」常常是指地名的發音近似某個諧趣的字詞。

「Montcuq，最後的 q 到底要不要發音？」

「我猜本地人唸的有發音，但是如果按照一般法文的發音習慣就不發音。」

菲力的解釋正是這個村子出名的原因。在很多年前的某個電視節目上，主持人介紹的方法就是故意利用一般法文的發音習慣來開這個玩笑，讓這個洛特省南部的小村一夕成名。

Montcuq，如果最後的 q 不發音，就成了「我的屁股」（mon cul），兩者發音完全相同。

「好！今天我們要走到『我的屁股』去。」不，正經一點，Montcuq，好好地翻譯成中文，可以稱它「蒙居克」。

又是豔陽施威的一天，美妙的是步道經過不少樹林，讓步行者享受了一些清涼時光。在這蟬聲灌耳的環境中，四周的花草樹葉被日光烘曬得發出精油香氣，啊！我們彷彿進行了一場花草浴的洗禮。

中途經過一個迷你小村拉斯卡班納（Lascabanes），花木迎人，屋舍清爽，教人由衷喜愛。村子由頭至尾就只有一條街道，盡頭是教堂，緊鄰在旁的是墓園，有位先生在教堂前方澆花。

「是啊！由生到死，人生不過是一條街的長度。」步道經過墓園前方的大十字架時，我在心裡默默想著。

行行復行行，看！山下就是蒙居克了。進了村，一路走到遊客中心前才停下。菲力進去找住宿資訊，我則像個興奮好奇的觀光客般，拿出相機拍那著名的村名招牌。顯然本地人也頗能預測訪客的心理，特別在遊客中心前，設立了一個美觀的村名牌子，目的很明顯，就是專供拍照的！要不然，聽說像蒙居克這種有名的村子，公設的地名牌子常常被偷，讓地方政府很傷腦筋。

「怎麼樣？」「有幾個民宿，也有露營區，不過比較遠。」

菲力要我做決定，結果我的腳告訴我，就在村子裡找個地方住，不想再走到一、兩公里外的露營區去。不巧的是，離遊客中心最近的兩家民宿都沒人在家。

後來我們去看了一家就在步道路線附近的民宿，確定今晚有空房，並且由我選擇了最裡面的房間。站在小陽台上，開闊的山野風光便可一覽無遺，兩扇大窗懸垂著長長的白色窗紗，配上深藍色粗條紋花樣的床罩，又隱隱透顯著海洋的氣息。挑定之後，菲力下樓去付錢，我開心地解開背包，拿出衣物，怡然自得地洗了澡。

「咦？怎麼了？」出了浴室的門，卻看見菲力悶聲不響地坐在床沿。

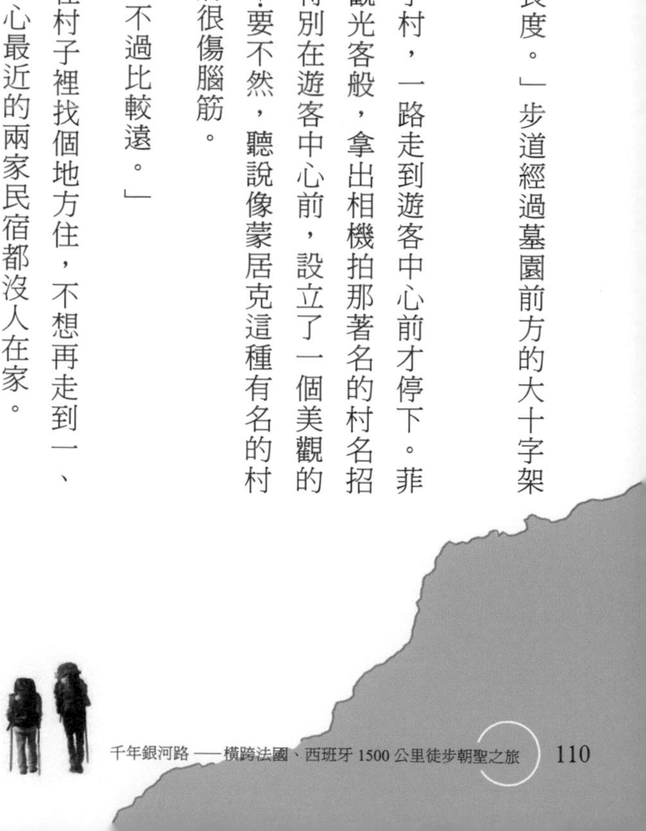

「嗯，我覺得那個女主人怪怪的。」菲力語氣有點沉。

再一細問，原來剛才他去付今晚的費用時，女主人居然跟他說：「啊！這些朝聖客看起來都很快樂，揹著大背包走那麼遠的路，我自己就不喜歡走路。」

聽了菲力的轉述，我也覺得納悶。這家民宿就位於 GR65 路線旁邊，上門的應該幾乎都是朝聖客才對，這主人怎麼這樣說話呢？

「我剛剛去看了廚房，什麼都沒有，而且收得不太乾淨。」菲力咬著嘴唇，輕嘆了一口氣。

「其實，剛才站在她家門口的時候，看到她貼了一張要賣房子的廣告，我們就應該小心才對。」菲力一說完，放身一躺，在床上直直地望著天花板，好像跟自己賭氣一樣。

聽完這些話，我的心情也跌了下來，原先因為有陽台可休憩的快樂消逝無影。

「你看這房間的顏色，白色、藍色、灰色。」菲力指指壁上那幅灰調的半抽象油畫，「跟那個女主人一樣！」

經他一說，好像整個房間的氣氛被那位住樓下的悒鬱女主人傳散上來一樣，越來越沉黯。

頭髮還沒全乾的我，愣愣地看著眼前不開心的菲力，心裡覺得真是可惜。花了錢住民宿，偏偏遇見一個心理狀態低沉鬱悶的主人，這是何苦來哉？不成，我不想這樣度過我們在蒙居克的夜晚。

「先去洗個澡，然後我們出門去買東西、吃晚餐。」我推推頹倒在床上生氣的菲力。

可不是？出門後去買麵包、火腿、水果，每個店家都比我們那民宿女主人熱情親切。兩人走到村子的最高點去，一處中世紀的鄉鎮遺址，如今只剩一座方形塔巍然聳立。

「哦！原來這個遺址就是Montcuq的命名來源。」我在本村的觀光小摺頁上讀到了解說。蒙居克在本地方言就是指山的最高點，山頂。

「所以，Montcuq，就是指山頂，跟屁股沒有關係。」

「對，可是如果只是『山頂』，還有誰要來呢？」

原來我們已經走了三百八十五公里，還剩下一千一百三十七公里。（洛澤特村）

法國・洛澤特、新黎明、穆瓦薩克

千年穆瓦薩克

「奇怪，怎麼還沒到？」根據指南，我們從蒙居克走到新黎明（Aube Nouvelle），應該有二十三點五公里的距離。可是中午在美村洛澤特（Lauzerte）吃過午餐後，照理應該只剩八點五公里才對，為什麼我們走了三個小時還沒到？

炎熱而漫長的一天，本來在洛澤特村振奮過的心神，此時已萎靡不堪，我幾乎是用老牛拖犁的姿態抵達預備過夜的新黎明旅館。辦理入住登記時，女主人告訴我們指南上的里程不對，今天下午我們事實上走了十一公里。我在心裡一算，對，我們今天一共走了二十五公里，難怪覺得疲累。

聖皮艾爾修道院的中庭迴廊（穆瓦薩克）

幸好服務品質良好的新黎明旅館讓我們有了一夜好眠，再加上豐富又實在的早餐，隔天上路的心情特別好。儘管太陽的赤焰不減，我們還是努力邁步。中午在一處墓園吃午餐，因為只有在墓園入口才找得到水。本來還擔心打擾先人，有點不敬，後來發現有別的朝聖客也在此休息，兩人才放下心來。

「法國人習慣在掃墓時將墓碑洗乾淨，又插花、澆水，難怪每個墓園都找得到水龍頭。」我這一路上觀察下來，心得就是在酷暑季節健行，這些墓園真是解救眾人的綠洲。

今天的目的地是穆瓦薩克（Moissac），這是今年路線上的重點城鎮，因為它跟去年的孔克村一樣，擁有一座富含千年歷史的修道院。入了城，乍看並沒有特殊之處，一直到兩人走到聖皮艾爾修道院（Abbaye Saint-Pierre de Moissac）大教堂正門前，啊！這就是，這才是千年的穆瓦薩克！

已經連同其他聖地雅各朝聖步道上的歷史古蹟，被聯合國教科文組織列為世界文化遺產的修道院，處於今日穆瓦薩克的北端，遊客資訊中心就在它門前幾尺遠的位置，足見本地的觀光業倚賴這千年古蹟的程度有多高。每個滿身汗濕的朝聖客，似乎都要走到這裡來才算結束今天的行程，包括我們。

找到預定過夜的老加爾默羅會修院，進入大門報到後，負責接待的義工先生笑容溫煦，讓我們頓時忘了疲倦。很幸運地被安排在一個位於一樓的三人房，而且拜古老渾厚石牆之賜，房裡涼爽宜人。

「先別洗澡，參觀聖皮艾爾修道院要緊，太晚就關門了。」我也不知道自己是哪來的力氣，只能自嘲為當老師的職業病。

買了票進入修道院中，附屬大教堂的肅穆壯觀自不待言，尤其是它南方正門精細繁複的石雕及有名的半圓形大門楣，將耶穌和天使，以及昭示基督教徒善惡選擇的教義，以堅硬的石材呈現出具象的人物雕塑。

「九百多年前的石匠先人們，你們真是一群偉大的藝術家！」仰看那些彷彿還會呼吸的軀體線條，予人飄動錯覺的衣衫摺紋，我真真要忘了眼前是來自大自然的石頭岩塊。

走出大教堂，更教我屏息期待的是中庭。幾乎每個有名的修道院，都會有一個讓人流連忘返的中庭，在這以迴廊圍出的四方形空間中，經常種了樹、栽了花也鋪了草。在嚴謹的修道院生活中，這樣的綠地空間，我猜想是另外一種親近造物主的方式。而我們眼前這個穆瓦薩克聖皮艾爾修道院的中庭，落成於西元一一〇〇年，美麗的迴廊矮牆上的石柱，個個以它雕工絕倫的柱頭，向每一個來訪者無言地展現何謂歲月。

「一共有七十六根，每個柱頭都有編號及解說。」菲力跟我拿著介紹摺頁，一個一個地看。

「都是聖經上的故事。」小時候受洗過的菲力自然比我熟悉，不過他也承認自己並不記得這麼多。

「我小時候的幼稚園是天主堂辦的，所以曾經聽過一點點。」我童年時的玩伴來自各種不同的宗教信仰，再加上基督教長老會及天主堂，在那個允許小孩子到處亂跑的時代，都是苑裡小孩放學後漫遊的地點，耳濡目染之後，就養出了像我這樣可以敬拜媽祖又可以仰望聖母及耶穌的人了。

「好美！難怪法國的石匠那麼重要。」我聯想到在電視上看過的多次報導，不論是教堂或城堡的翻修工作，石匠都是決定一棟歷史建築外觀的關鍵人物，他們的作品可以橫跨時空的限制。

「沒有失業的石匠！」有個老師傅曾經面對記者的攝影機這樣說，為了鼓勵年輕人投入行業。

石匠、木匠、彩色玻璃匠，還有各種手藝的工匠們，就是這些無名的藝術家，創造了一處又一處的景觀古蹟，形塑了各種文化的美感。一刀一鑿，許多巧手凝固了穆瓦薩克的千年之美，讓人讚嘆，可是引得眾人面露微笑的卻是一群孩子。

十幾個正在練唱的小孩，跟著指揮老師一齊準備夏日音樂會。歌聲繚繞於中庭廊柱之間，每個遊客都轉頭望向那群小天使般的歌者。

1 柱頭上的流暢花紋，讓我幾乎忘記它們是在硬石上被雕琢成的。

2 練唱中的孩子們，讓所有人都安靜下來。

「如果我是其中那一個不到十歲的孩子呢？」神情專注地盯著指揮的手，這個穆瓦薩克的小孩，用他稚嫩的童音搔拂著家鄉的古老修道院。

「他是不是從小就在這裡玩捉迷藏？」我在心裡好奇地猜想。

讓一個小小孩在千年的中庭裡收藏他的童年，造物主、修士，還有石匠們，應該都會允許吧？

法國．奧維拉

在聖雅各的家

離開穆瓦薩克的早晨，兩人沿著昨天下午抵達時發現的 GR 指標邁步出發，在城裡走呀走地，居然就發生了問題。

「奇怪，已經有一段時間沒看到紅白標誌了，是不是我們看漏了？」趕緊重新比對指南上的文字敘述和地圖。

沒錯，是走錯了。回頭重新走到最後看到指標的街道，再讀一次指南，終於找到正確的路線。

「看！拿破崙橋下的河畔步道就是GR了！」在太陽威力逐漸呈現的時刻，找到步道讓我們鬆了一口氣。有樹、有河，水天相映，波面不驚的塔恩河（Tarn）終於讓兩人的心緒慢慢平靜下來。

「你剛剛發現走錯的時候，有點煩。」我望了一眼走在右前方的菲力，忍不住說了出來。

「對。」菲力應了一聲，腳步慢了下來。

一陣沉默，只聽得到四根手杖篤篤篤的敲地聲。迎面的方向不時有自行車騎士出現，不再交談的兩人，卻還是得回應好幾次的日安。

「我想我們需要更注意路程的長度和時間的控制。」菲力嚴肅地轉頭來說。

「是他們本地健行協會的標誌和書上有出入才會這樣！」我不假思索地反應。

「也許是有點差別，但是我們兩個人都要注意讀指南、看地圖，像今天要走二十一公里，下午會很熱，早上多走了快五十分鐘，影響很大。」

「我現在放假，不想讀法文，你應該……。」我住口沒繼續說下去，但是用手勢表達了想法。

「你有很多的『應該』。」菲力眼裡閃過一絲的反抗，而這一丁點的訊息卻吹起了我的怒氣。

「對！有一些事情我覺得就是『應該』要做的，不用等別人提醒！」邊說邊比劃，我的手杖差點絆住了我的腳。

「你要說的是什麼事？」

我的腦海裡浮湧出紛雜的想法，但是嘴巴卻緊閉著不吭一聲。

「你怎麼了？為什麼你生氣？」菲力停了下來。

「就像……就像全家人聚餐只有你不去，這樣很怪！」一個久遠的事件突然蹦了出來。

「你又想到那一次在苑裡的事？」菲力頓了一下，「可是在法國的聚餐也一樣啊！」他嘆了一口長氣。

其實，這些亂箭般迸射的言語，說的都不是新鮮事。菲力不喜歡上餐廳吃飯，是法國和台灣兩邊家族都知道的事，法國的餐廳太拖沓，台灣的餐廳太吵雜，都讓他避之唯恐不及。在多年的經驗之後，目前兩邊的家族聚餐除非是在家裡吃，否則他一概都不參加。而這樣的堅持讓身為他老婆的我夾在中間，難以兩全。

「要不要一起來？這一次去的地方應該不會那麼慢。」瞭解她兒子脾性的婆婆，每一次都不死心地試著邀邀看。

「啊？菲力不要去哦？驚吵哦？」媽媽經常是以簡短的台語確認，但是卻掩藏不了那一絲絲的失望之意。老爸則常常以微笑表達，他也是一個不愛上餐廳吃飯的人，可是生於台灣的他終究比這個法國女婿稍微「社會化」一點。

「為什麼要勉強一個人去餐廳吃飯？」菲力曾忿忿地反問我，現在他又問我一次。

「重點不是吃飯，而是大家都去，只有你不去……。」我的語調開始提高，就連十多年前第一次法國家族聖誕聚餐的往事，也無預警地竄上心頭。

菲力那時在晚餐尚未真正結束前，跟我說要去旁邊休息一下，隨即就站了起來，自己走到客廳沙發前一屁股坐了下來。其餘的家人，除了我婆婆要去廚房拿菜外，都一直坐在位子上，初來乍到的我尷尬地留在椅上，用我那青澀的法文程度應對一切。菲力喊我：「麗玲，妳也可以來這裡休息呀！」我笑著搖搖頭，望了一下我婆婆，她老人家顯然對么子這個不合禮數的動作已不陌生，但是我讀得出來她並不贊同的訊息。

「一頓飯要吃三個小時以上，我從小就討厭這個。」菲力解釋過自己的舉動，說他小時候就開始反抗這些規矩。而我，我似乎是守規矩長大的，雖然曾經做過讓父母煩心的事，但是絕對稱不上特立獨行。

「Bonjour!」迎面而來的一家子都騎著單車，領頭的爸爸滿面笑容地向我們打招呼。在我們身側的河道上悠悠行來一艘小遊艇，船上顯然也是一家人，正在開心地用柔緩的速度前行。

塔恩河在流入更大的嘉隆河（Garonne）的前後，有一長段的河道與「雙海運河」（Canal des Deux-Mers）重疊，可以行船。這時我們恰好走到了一處水閘口，那艘遊艇停了下來等閘口管理員，因為水位高度不同，他們必須等待水閘調節的專人協助。

「日安！先生、夫人。」水閘口旁的河畔小徑上坐了一位老先生，他的椅子就安置在涼爽的樹蔭下，我們回了日安後，也停下腳步來享受一下涼意。

老先生似乎並沒有特別的事要做，他只是坐在樹下看人、看船，在和我們聊了一下天氣之後，話與一起，就望向我開始說起自己的故事來了。

「我九十一歲了，打過摩洛哥的獨立戰爭，也差一點被調去中南半島打仗。」他摩娑著自己的手杖，眼神中有往事的亮光。

「那時候，政府教我們要為法國而死，啊！不，我可以為自己而死，不要為法國而死！」老人家的神情平靜，但是語調卻高亢了起來。接著又說：「戰爭是最可怕的事。二次大戰時，我們必須要養活德國軍人，我父親曾經為了得到一百公克的麵包，……。」老人家最後那個句子我聽不懂，想喊離了幾尺遠的菲力來幫忙又來不及，他繼續說了：「啊！我們現在生活得太好了，有人甚至把麵包丟掉。」曾經領受過家鄉被德軍佔領經驗的老人，搖了搖頭做出結論。

和老人道別互祝有美好的一天之後，菲力跟我又繼續前行。被老人家的故事安插進來後，原先處於爭執狀態的兩人似乎也變得稍微緩和鬆軟一些，都不再說話，心神回到自己的腳步裡。

運河旁植滿了高大的法國梧桐，枝葉茂密到足以成拱，替行船的人遮去了不少豔陽直曬的光焰。而走在樹蔭下的我們，腳下踩踏的就是以前拉縴馬或人所走的路。

步道在一個小村朋維克（Pommevic）附近必須左轉向西南方前進，我們揮別了舒適的雙海運河綠蔭步道，走上一條毫無遮蔽的柏油小公路。

「天哪！一棵行道樹都沒有！」遮陽帽似乎也快被太陽烤焦了，我察覺自己的頭髮黏在頭皮上微微發燙。真慶幸午餐的三明治是在運河旁的梧桐樹下吃的，目前的路段讓人無處可躲，這暴君般鞭笞著大地的烈日，絕對會讓人無法吞嚥食物。

「妳還好嗎？」雖然全身發燒般地發出警訊，我還是點點頭，邊跨步邊問：「這段路有多長？」

三點五公里。在下一個有水可取的村子之前。

好不容易，真是找不到別的詞彙了，就是這個說法，好不容易抵達小村艾斯帕雷（Espalais），每個朝聖客都像遇見沙漠中的綠洲一般，直直地朝村子教堂前的泉水台走去。

再走最後的一點五公里路程，就抵達今晚的歇腳處奧維拉村（Auvillar），另一個擁有法國美村頭銜的地方。

「什麼？奧維拉有分下村和上村？」而遊客中心在上村，我們自然要爬坡上去。終於拿到住宿資料，菲力跟我討論著要選擇地點。

「有一家民宿是德國人開的，比較特別。」菲力說他想試試看。

我立即同意。抬頭望望，在那兒！就在我們位處的廣場旁，有個小小的招牌，而且是廣場周邊唯一在每個窗台上都擺放了鮮花盆栽的那一家。

按了鈴，不一會兒有個老太太來應門。互道日安之後，她馬上說：「啊！今天是聖雅各日，你們就選擇了我們，真好！真讓我們高興。」

經過她一提醒，一直在旅途中並未注意日曆的兩人，這才發現法國日曆上七月二十五日的天主教聖人，恰恰就是聖雅各，而這家民宿的名字正是「在聖雅各的家」（Chez le Saint-Jacques）。

老太太帶我們上了二樓，介紹了一下家裡的環境，吃早餐的地方，浴廁等等，然後讓我們在家裡最明亮的房間裡安頓下來。

「看！」站在房間小陽台上，我禁不住轉頭喊正在整理背包的菲力。我們的房間窗景正是奧維拉村廣場上的優美建築，十九世紀所建的圓形市場，已經在一九四六年被指定為歷史古蹟，成為本村的象徵。

稍後遇見男主人，他很親切地為我們介紹：「這房子是十五世紀建的，只有煙囪稍稍『年輕』些，是文藝復興時代，十六世紀初的。」他指指客廳的方向。

「我太太是法文老師，德國人。我們在三十年前買下這房子，後來，決定搬離德國，回法國定居。最後，我們又決定開一家民宿。」

老先生邊說邊環視周遭一圈，說這老屋子得有人一直翻修、一直照顧，他跟太太還有孩子們花了很多年才有今日的面貌。我一聽馬上聯想到下午老太太介紹環境時，我跟她一進入浴室，她發現浴缸裡有些灰渣，馬上蹲下擦拭撿拾，邊做邊對我說：「這不髒，這是從天花板掉下來的屑屑。」

大概是回想到多年來的心血汗水吧？老先生吁了一口氣，緊接著又笑開了臉，對著菲力跟我說：「可是，文化遺產需要有人照顧呀！」

這樣的故事其實在法國並不是太罕見，我常看到新聞報導裡介紹有些法國人會傾注積蓄買下老舊的古建築，然後花很多年，全家動員或者號召義工，用所有的休假來整修。有時候我們在鄉下山村健行看到有城堡廢墟時，我會開玩笑地對菲力說：「要不要買？」他也會一臉認真地答：「考慮考慮。」

也許因為我跟菲力也是異國婚姻，老先生又繼續說：「我太太跟我，一個德國人，一個法國人，要維持婚姻，必須要不停地溝通，開放對話，每一天每一天都要這樣。」

他的眼神溫煦，語氣真摯，讓菲力跟我都被觸動了，早上還在運河畔邊走邊爭執

1 詩人説：數大便是美！ 2 「加油！加油！」旁邊的向日葵們都在喊著。

的兩人，互相對望了一眼。

隔天早餐時間，我們在這棟十五世紀老屋的現代漂亮廚房裡坐下來。老太太拿出了很多罐自家果醬，各各年份不同，她仔細端詳一番之後，把三罐狀態可疑的抽出，無可奈何地對我們說：「啊！這天氣太熱了，你們知道，果醬很難保存。而且我放的糖不多，只有百分之X，它們很容易壞掉。」關於糖的比例，我耳朵裡聽到的是百分之三十，心裡暗估這比例確實不高，因為一般市售果醬的用糖量都在百分之六十以上。

一桌子的麵包、奶油、麥片、咖啡、牛奶、茶，再加上各色果醬，我們都感受到了這對老夫妻的誠意。更大的驚喜是，在我們準備出發時，把我們當自己孩子一樣照顧的老太太問我們要不要吃水煮蛋？「帶在路上，餓了就可以吃。」她說。應允致謝的我，想起小時候參加學校郊遊時，媽媽也為我準備水煮蛋的往事，讓我不禁微笑起來。

過了一會兒，四顆水煮蛋被安穩地放在蛋盒裡，又被遞送到我們手上。

兩人送我們到大門口，而且用吻頰禮說再見。老先生昨天一見面，也是對我們行吻頰禮，我跟菲力彷彿被迎進了親友的家裡。

慢慢遠離了「在聖雅各的家」，老先生昨天說的話還在我心頭迴盪。他解釋了老太太為什麼有點跛的原因，是來自幾年前發生的車禍，雖然生命保住了，但是卻再也不可能做長期的徒步之旅。因此他們開了這家民宿，希望好好照顧每一個經過的朝聖客，把這一份和善之愛傳遞到聖地雅各去。

「這樣子，就好像我們也走到了聖地雅各一樣。」老先生笑咪咪地說。

倒數一千公里

法國・孔東、蒙特婁

清早上路，灰濛的天空下著不足以擋人卻足夠讓人淋濕的雨，我們拿出收在背包底層的防水外套，照常出發。

今天的行程只有十六公里，我們一鼓作氣地走到準備過夜的孔東（Condom）之後，才買了三明治當午餐，在聖皮耶爾大教堂（Cathédrale Saint-Pierre）旁邊的長椅上吃了起來。

「這大教堂的石雕真細緻！」我由衷地讚嘆。

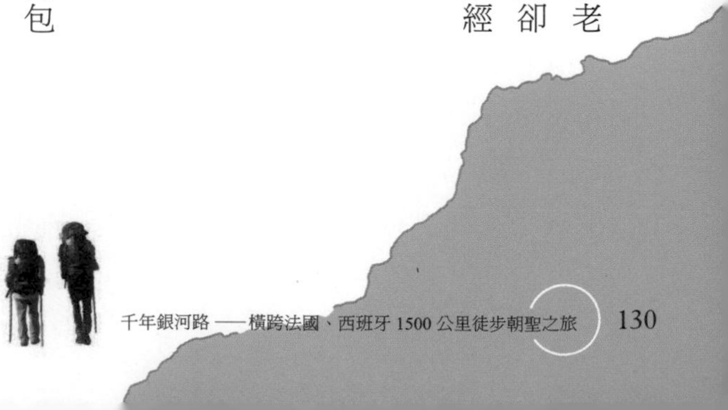

另外值得記上一筆的是孔東的公立露營區。他們的紮營位子，是我在法國十多年來所見過的露營區中，最舒服的！從來沒睡過這麼綿密的草地，簡直可以不用睡墊，直接躺在帳篷裡就可以入眠了。

離開孔東往下一個目的地前進。今天的歇腳處是個法國美村 Montréal-du-Gers，如果不考慮後面附加的省名的話，跟加拿大的蒙特婁同名。

真正走進村子裡以後，美村之名得到印證，乾淨的古老民宅和維護良善的歷史建築，夏日鮮花亮艷地點綴在各個窗台和路燈上。只是，創村歷史可以遠溯至一二五五年的蒙特婁村，和許多村鎮一樣，接受民眾把車子停在村公所前的廣場，同時也犧牲了一部分的美感。

過夜民宿就在廣場周邊的房子裡，這對於滿身汗水的我們來說倒是好事。公用廚房及房間都很潔淨，男女主人親切而自然，讓人輕鬆。有趣的是團體房位於屋子的地下一樓，如果從團體房另一邊的門走出來，就可以清楚看到，包含我們的民宿在內，整排房子同時也是村子的老城牆，完全融合為一。

「難怪房間裡自然涼爽，主人說這牆壁有一公尺厚！」菲力輕輕拍觸床頭邊的石壁說道。

無比珍貴的一夜好眠如期降臨，早晨兩人梳洗完畢之後，在預訂的早餐時間走進了公用廚房。和男主人互道早安之後，團體房內另外一位室友也走了進來。

「睡得好嗎？」男主人一邊準備咖啡一邊問。

菲力跟我很自然地說好，我們那約莫六、七十歲的室友卻以低沉痛苦的聲音回答：「喔！非常、非常糟！」

愣了一秒鐘之後，四個人一齊爆出笑聲，室內的氣氛不待咖啡送暖已經多了幾分融洽。三個朝聖客坐定，桌上早已擺好了各色食品，菲力跟我又照例點了鮮奶咖啡。就在拿起麵包片抹奶油、塗果醬的動作中，菲力禮貌性地把放了奶油的小盤子，從我們面前推向老先生，方便讓他取用。同時嘴裡說著：「請用！請用！我不胖，奶油吃得不多。」

老先生兩眼一瞪，用宛似老友的口吻說了：「啊？那我胖嗎？」

哈！哈！哈！我趕緊遮住嘴巴，避免口中食物噴出，滿臉通紅的菲力則連連道歉，極為困難地強忍笑意。幽默感充沛的老先生，在把奶油抹得勻勻的之後，開口問我是從什麼國家來的。

「台灣？哦！您走路過來的嗎？」

「啊！不，我先游泳，再搭火車穿過西伯利亞直到莫斯科，然後再換車到巴黎，又……」

「哈！哈！哈！哈！」包括菲力在內，三個法國人都笑了起來。

餐後，男主人提早來團體房間向我們話別，說他有事得出門，並且保證我們今天上路一定順利。

「在你們今天的路線上，前半部分的 GR 標誌是我負責的，所以，如果隔了五公尺遠還沒看到下一個標誌，就表示有問題。」他誠懇地叮嚀。

民宿主人離開後，那位一點都不胖的室友也要出發了。這位獨自走朝聖步道的老先生站在房間門口，回頭向我們說：「那，我們在台灣見囉？」菲力跟我笑著說好，並且祝他一路順風。

我們也要上路了，從今天開始，是一個新的階段！因為昨天我們的雙腳跨過了一個大關卡。在抵達蒙特婁村之前，我們走過一座古老的亞爾提格橋（Pont d'Artigues），這座有五個大小不等橋拱的古橋，標示了我們腳下朝聖步道的一個重要里程碑。因為從這裡到西班牙的聖地雅各，剛剛好有一、千、公、里！

法國・愛奧茲

神的淚珠

除了為我們踏上朝聖步道一千公里的標記點而喜悅之外，最近也有個詞彙如同某種香味般，瀰漫於沿途的城鎮空氣中，讓我們無法忽視。

雅瑪娜克（Armagnac），開頭字母大寫是地區名，小寫就成了酒名。從兩天前的孔東到蒙特婁村，再到我們即將前往的愛奧茲（Éauze），到處都標舉著這種代表本地區的名酒。尤其是愛奧茲，更強調自己是「雅瑪娜克之都」，因為每年五月下旬，在耶穌升天節的那一週，雅瑪娜克全國展覽會就在這裡舉行。

酒精濃度高達百分之四十以上的雅瑪娜克，屬於法文中所稱呼的「生命之水」（eau-de-vie）。這個陰性名詞在法文字典中的定義，是指由葡萄酒、葡萄榨渣及某些種類的水果等，所蒸餾而成的酒精飲料。平穩冷靜的敘述，絲毫不見興奮熱情，恰恰跟生命之水的烈酒特質相悖。

生命之水，在某些法漢字典裡被譯為「燒酒」。選用「燒」字，在字義上並沒有錯誤，我在純中文字典裡也找到了例證，甚至單用燒字，就可以用為燒酒的簡稱，例如「高粱燒」。另外燒酒也可以寫成「燒酎」，而「酎」是指經過多次重複釀

製的醇酒。

但是，對於一個母語是台語或稱閩南語的人來說，「燒酒」這個詞彙只是酒的泛稱，我覺得用來指稱生命之水並不夠精確。

在法漢、漢漢字典間繞了一圈之後，我反而在第三種語言裡找到線索。是的，英文「brandy」，白蘭地，就是生命之水。這兩個從前爭戰不休的民族，在他們彼此的文字裡互相接納，英漢字典裡收進 eau-de-vie，法漢及法法字典裡都有 brandy。[1]

有趣的是，已經被收入純中文字典裡的「白蘭地」，詞條下清楚寫著：酒名，用葡萄、蘋果等的汁，經發酵、蒸餾而製成。

因此，雅瑪娜克是一種生命之水，也就是一種白蘭地。

1 英文的 brandy，有一說法是來自荷蘭文的 brandewijn。

那麼，雅瑪娜克和朝聖步道有關聯嗎？在我們手上的 GR65 聖地雅各步道專用指南上，明明白白地告訴我們：雅瑪娜克就是因為朝聖者在經過該酒的最大輸出河港孔東時，品嘗了它的美妙滋味後，漸漸地將其名聲散播到歐洲各地。

「從味蕾到心靈，這真是一條美好的途徑。」我在心裡暗暗揣摩數百年來的朝聖客們，如何在品酒之後沉澱心思的過程。

前身是白葡萄酒的雅瑪娜克，在歷經了火的焠煉，流出蒸餾器的那一刻，成為透明無色的烈酒，酒精濃度高達百分之五十二到七十二之間。而在裝入橡木桶之後，它的生命風華才正要漸次展現。一年、四年、六年、十年、二十年、三十年、四十年，雅瑪娜克在釀酒師的呵護下，安靜地成長，成為人們眼前可以品賞的、不同長短貯存年份的生命之水。這時候，雅瑪娜克的酒精濃度縮斂為百分之四十到四十八。法國人將這個因為天然蒸發作用而產生的酒精濃度變化，稱為 la part des anges，意思是「天使的份額」。走到中文之後，有人給它另一個更美麗的修辭，稱為「天使分享」。

在那些被法國人稱呼為「大教堂」的龐碩酒庫裡，一個一個高大的橡木桶中，時光寂靜無聲地穿越琥珀色澤的酒體。天使們飛降凡間，悄悄地撫觸、嗅聞，而曾經是葡萄，如今不再是葡萄的酒液，想要說出那些當年的陽光、空氣、水、橡木、

酵母、火的語言，那些只有天使才懂的話語。

「被天使帶走的酒精濃度，就像是被祂們親吻、飲用過一樣吧！」站在展示櫥窗前的我，凝視那一瓶瓶莊重沉靜的雅瑪娜克，鼻腔裡竟似乎也有想像中的香氣輕拂。

沒有什麼品酒經歷的我，腦海中儲存的酒香譜系不多，也說不出什麼色澤、香氣、酒體、口感、尾韻[2]的專業品評。可是在法國住了十多年之後，視聽經驗裡那種種輕搖酒杯，喚醒美酒的聞香動作，對目前的我來說，十分熟悉家常。我可以想像得到，雅瑪娜克在每一家酒廠的首席釀酒師手中，沉睡於大教堂般偉岸、神聖的酒庫裡，橡木桶中的它，被時光所浸溶，被超乎人類智慧的大自然看顧，然後，甦醒。

2　這五個品酒的切入點以及「天使分享」一詞，係參考高翊峰先生之〈如果艾雷，值得敘事〉一文（二〇一六年七月，《聯合文學》雜誌第三八一期），不敢掠美，謹此註明。

你喝過雅瑪娜克嗎？這種法國最古老的生命之水，在世界上的名氣遠遠不及三百公里外的顯赫遠親柯妮亞克（cognac）。不過，有一個本地故事也許可以幫助我們揣想它的滋味。

傳說中，雅瑪娜克的誕生起源，是一顆墜落於庇里牛斯山和嘉隆河之間的，神的淚珠。

石匠的家

法國・諾嘉侯、拉納蘇比宏、杜巴里

在愛奧茲市郊的一處露營區過了一夜，第二天上午我們終於走進這個飄散著雅瑪娜克名聲香氣的城。在市中心廣場的教堂對面，一家名為「法國咖啡館」外頭的露天座位區歇歇腳後，正式上路。

晚上睡在一個養馬場附設的健行民宿裡，團體房中除了我們，還有一位比利時女孩和一位德國女孩，前者留著長長的、刷得毛毛的，仿黑人髮質的髮型；後者卻理了光頭，衣服沒遮住的手臂、背部皮膚上滿佈著刺青。共同點是兩個年輕人都很親切，笑聲開朗。

民宿有隻毛色黑灰的老狗，名字叫 Tao。Tao 的步履緩慢，毫無一般狗遇見生人

的反應。不過，玩心不滅，經驗老到的牠，看到我們這些住宿客吃完晚餐之後，自己啣了一根小木枝走了過來。

「啊！你要玩一玩嗎？」我伸手撿起牠吐在地上的木枝，盯著牠的眼睛詢問。

Tao的右眼有層白翳，只剩左眼的視力，牠望著我傳達了心意。

望望四周，我把小枯枝丟向數公尺外的空地。Tao仰起頭，用牠單眼的視力試著尋覓小枯枝被拋擲的弧線及落點，似乎有點遲疑之後，牠邁步去找。

「往前！往前！右邊！右邊！」我試著用簡短的法文指令引導，協助牠找到自己的玩具。

終於成功，Tao咬起枯枝又走回來我面前。可是今天的天氣實在太熱，陽光猛烈到我們剛才洗的衣服，曬三個多小時就全乾。丟樹枝遊戲進行不到十次，Tao就喘氣到教人不忍。

「好！這是最後一次，要不然你會太熱！」我低下頭盯著牠的左眼認真地說。

小枯枝飛了出去，Tao扭頭慢慢地走過去，嗅尋一番找到了之後，俯下頭開始啃咬起來，沒一會兒，牠就把自己剛才找來的玩具啃成碎屑。我想牠是聽懂了。

隔天清早上路，難得的涼爽陰天讓兩人步履輕鬆不少。走過小城諾嘉侯（Nogaro）之後，午餐地點在一個只有幾戶人家的聚落拉納蘇比宏（Lanne-Soubiran），因為指南上特別說明這裡有水。餐後又走了將近七公里，終於抵達夜宿地點，在地圖上只有三個小黑點的杜巴里（Dubarry）。

男主人出門來迎，爽朗親切的特質讓人頓時放鬆下來。他指指四周環境說自己的專業是石雕匠，那些散置的石材和工具因此有了解釋。屋內倒是整潔有序，尤其是朝聖客房間內的巧思，更是引人莞爾，我們看到自己房內的窗，居然是狹長型的彩色玻璃窗，四周鑲嵌著雕花細緻的石製窗框，宛若教堂。

幸好，男女主人都不嚴肅，晚餐的用心及美味更值得記述。首先，前菜是紅蘿蔔絲拌青翠沙拉，撒上烤葵花子還有火腿片，再來主菜是煎香腸加焗烤蔬菜和馬鈴薯，最後甜點則是冰淇淋伴水果丁。當然，還有酒，我們的石雕匠主人慷慨地請大家品嘗了三種本地特色酒。第一種是健行指南上提過的floc，是一種將當年度新榨、尚未發酵的葡萄汁，加上雅瑪娜克的甜酒。第二種是本地的紅酒，第三種便是道地的雅瑪娜克。

「請小心，雅瑪娜克很烈，所以請大家先在嘴裡含一顆方糖，然後再品嘗。」主人拿出了一碟紅方糖讓大家傳了一圈，我跟菲力都照做了。

第一次喝雅瑪娜克，我興奮地盯視著那一小杯的暗金褐色透光酒液，才稍稍靠近鼻唇之間，濃郁香氣便如浪如波地竄進鼻腔，直上腦門。

這一瞬間的嗅覺激盪卻喚醒了不知是哪一年的記憶。在台灣老家，有一回爸爸邀我跟菲力一齊啜飲金門陳年高粱的往事。不同的是，當下我含存在口中的燒酒所演示出的，是來自葡萄酒體系的嬝娜姿態，和高粱的陽剛調性不同。

「喜歡嗎？」主人問我們。大家都點頭。

酒一入腸，話匣子便打開了。聊著聊著，名字也叫菲力的男主人問起我的國籍。

「台灣？」他戴上老花眼鏡走到書架前，抽出了一本世界地圖集，翻到亞太地區的相關頁碼之後，咧嘴一笑要我指出老家所在的縣市。

也許是生命之水的影響，我開始說起小時候歷史課本上讀過的法國事蹟，還有清朝末年那些惹人厭、跟外國簽訂的繁瑣條約，其中並未缺席的法國還曾經為了取得基隆的煤炭，攻打過台灣北部。

「啊？真的？」一屋子的住宿客和主人都笑了起來。

「沒錯，有位法國將軍還病逝於澎湖呢！我小時候的課本稱他為孤拔

（Courbet）。」

一聽到這位將領的法文姓氏，男主人馬上又去拿出一本大辭典，在專有名詞的部分找了起來。

「有，找到了。」他津津有味地讀著詞條解釋。

「我知道法國攻打過很多國家，可是沒想到一百多年前我們居然打過台灣，喔啦啦！」他邊說邊連連甩著右手掌，這是法國人表達驚訝的手勢。

歡暢的一夜，在笑聲中大家互道晚安。今晚我們睡在一位石匠的家，看到他能夠將堅硬的石頭化成線條流暢的雕刻作品，同時對人又有著自然流露的好奇與尊重。是呀！這是位擁有一顆柔軟赤子之心的石雕師傅。

神父說

法國．澎湃、亞泰德貝亞恩、亞嘉儂、瑪斯拉克、索弗拉德、納瓦杭克斯

天色尚暗，星子未退的時刻，在「澎湃」村（Pomps）公營旅舍的用餐區裡，就有一對夫妻向大家說再見。

「這麼早就出發？還不到六點半。」我看了一下手錶。

有人問起他們今天晚上留宿的地點，其中的丈夫回答了一個地名。「我們今天要走三十多公里。」丈夫一說完，轉頭望望妻子。那位太太微笑了一下以示回應。

「真辛苦！」我在心裡偷偷地想，同時腦海裡不禁憶起昨天下午看到的畫面。這對夫妻本來是走在我們前面的朝聖客，後來他們在路旁休息時才遇上，其中的太太脫下鞋子正在照顧自己的腳。

「我的天啊！滿腳的水泡……」我猜自己的臉可能替那位可憐的太太痛到皺成一團。

我們也要上路了！手杖篤篤篤地輕敲路面，一番穿村過田之後，我們在小鎮亞泰德貝亞恩（Arthez-de-Béarn）教堂旁的資訊版上，看到自己離聖地雅各還有八百五十八公里的路途，如果是鳥行距離則為六百四十六公里。

「中文說直線距離，法國人說是鳥的飛行距離，我承認這樣子比較有趣。」

「是啊！如果我們可以飛過去就好了。」

為了要往前推一點進度，我們一直走到下午一點以後才停下來準備吃午餐。沒想到下一個抵達的村鎮亞嘉儂（Arganon），居然像是美式小鎮一樣，房子之間距離遙遠，人口不多但是路很寬。我看到有本地居民開車到清潔桶集中區來倒垃圾、做回收。

走出這小鎮的唯一可能性是一一七號國道，車聲呼嘯，教人驚慌，偏偏步道就是這樣安排。大概健行協會義工也找不到別的辦法，只能在指南上呼籲大家小心。好不容易在穿過兩次一一七號國道，又橫越二七五號省道之後，我們終於進入過夜的小村瑪斯拉克（Maslacq）。

屋舍傳統而潔淨，瑪斯拉克的寧靜優美很快撫慰了我剛才入村前的煩躁心緒。今晚投宿的小旅館 Maugouber 創建於一九三六年，負責人是位和藹的女士。她在晚餐時間跟客人聊天時，說這美麗的地方是她奶奶創設的，傳給她爸爸以後，再來就是她。

「四十二年了，每天從早上六點忙到晚上九點，累了，很高興可以退休，家族有

人要接手。」

第二天早餐之後又去雜貨食品店備妥午餐才出發，天空藍澄澄的，給了一路的風景都有漂亮的光線。尤其是迷你小村索弗拉德（Sauvelade），除了有十二世紀的修道院遺址外，連村公所都好看得讓人想拍照。

至於今晚歇息何處？納瓦杭克斯（Navarrenx）是也。這是一個在老城擁有保存完整的中古城牆，具有堡壘外貌的小城。美妙的是，我們抵達的這個日子正好遇上節慶，居民在老城裡的主要街道上，用辦桌的方式，排了長長一列的桌子，人們可以在街道兩側的餐廳裡，或是安置在戶外的攤位上買餐，直接坐在露天座位上享用。

喧騰人聲混揉著食物香氣，使夏天的假期氛圍更加濃厚。菲力和我在採買了食物之後，恰好遇上節慶晚宴及音樂會開幕前的神父祈福儀式。聽完神父的致詞，我們決定回去剛才已經搭好帳篷的露營區吃晚餐、休息。

「感覺上這裡的客人大部分都不說法語。」先前搭帳時，我就對菲力這樣說。後來去付錢時，菲力推測老闆夫婦應該是英國人，並且讚賞這是個有環保標章的露營區。

露營區裡有現做比薩販售，我們點了一個取名為「朝聖客菜園」的素食比薩。來自英屬澤西島（Jersey）的老闆，一邊開始動手做，一邊對站在比薩車前的我們說：「很好，不吃肉，才有朝聖客的精神。」

「妳還記得剛才神父說的話嗎？」等比薩時，菲力問我。

「嗯，我要把它們抄在我的旅行筆記裡。」聞著烤爐裡傳來的比薩餅香，還有餅皮上的洋蔥、青椒、紅椒、番茄、白菇，在橄欖油的滋潤中，擁著乳酪一起迸散的鮮美味道，我想到了慈祥和氣的神父，站在一家古代專為接待朝聖客，如今兼營酒吧的餐廳前，對著包含不少朝聖客的群眾說：「也許大家必須要花錢買火腿等食物，可是熱情和笑容是免費的！」

一陣掌聲之後，神父接著說：「知道休息、停下，是一件好的事情。」

聽到這句話時，菲力特別碰碰我的臂膀。

我並沒有轉頭去看菲力，但是心裡如有一束光掃過。是真的，我就是一個常常不知道要休息，被牙醫提醒要放鬆牙關的人。

法國・亞胡

美景民宿的果醬阿公

離開納瓦杭克斯之前，先走進老城裡去買麵包。沒想到站在城牆上一看，早上的光線給了整個老城，包含線條繁麗的教堂、屋舍極美的剪影，忍不住又拿出相機流連再三。結果就是，兩人破天荒地在九點二十分才上路。

「神父說要把握美好的光線。」我又在亂說話了。

嘴上可以胡說玩笑話，腳底倒是得踏實觸地，趕緊邁步。一天的行程經過了三個小村莊聚落，一路上看到的朝聖客似乎也比前幾天多。不知是不是因為越來越接近法國和西班牙國界的緣故，感覺上大家的腳步好像都帶有某種興奮的節奏。

今晚投宿的地方有個好聽的名字，Bellevue，意思是美麗的景色。

沿著指標方向，我們離開步道轉入一條林中小徑。才一出小樹林，「哇！」兩人同時站住。天！整個山谷的風景美色襲入眼眸，難怪在這裡的民宿要取這名字。

見到了民宿男主人，笑容和煦的他正在忙著準備做果醬要用的水果，一桌子的李子，都是自己種的。

「在那邊，」他指了指花園方向，「李子、蘋果都有，儘量吃，能吃多少就拿來吃。我跟我太太根本吃不完，又送人又做果醬，還是剩很多。」

客房在二樓，每個房間都取了名字，就叫做「某某某的房間」，因為以前都是他們小孩的臥室。而我們睡的那一間，可能是以往真正的客房，不屬於任何一個孩子，乾脆就直呼「走廊盡頭」（Au bout du couloir）。

沐浴、洗衣、準備晚餐。這民宿只提供早餐服務，但是有簡單的食物可買，自己在二樓的廚房準備。老先生和他太太以熱誠來接待朝聖客，我猜他們並不以賺錢為目的，因為在夜宿費加早餐之外，我們又買了晚餐和明天的午餐乾糧，全部加總起來竟然不到四十歐元。

「老先生剛才說他以前是這裡的村長？」

「是啊！村子裡的公營健行旅舍就是他跟他太太一起推動的。」

菲力跟我邊煮麵邊聊，沒多久看到老先生領著另外一位住宿者走上樓來，替她介紹了環境。原來就是今天下午那位行李早早就到，人卻不知在什麼地方的西班牙小姐。老先生在接待我們時，還挺擔心她出了什麼意外。

互道日安之後，我們才發現英語並不靈光的她，除了日安和謝謝外，並不會說法語。不過留著一頭金色短髮的這位小姐，擁有西班牙人和善親切的特性，語言障礙並不會讓她縮在一角，不願表達。她告訴我們說自己只是想體驗一下法國部分的朝聖步道氛圍，因此只挑了兩段，走一下再搭個計程車，像今天這樣。明天也是，半走半坐車，走到邊界進入西班牙之後，就要回家了。

夕陽的光線染得整個屋子裡都是金橘黃的色調，從民宿二樓廚房大窗望出去，屋前的花園草坡和更遠處的山谷，正隨著落日西斜的角度變化而轉換著光影層次。實在太美，為了不辜負這麼豐厚的大自然恩寵，西班牙小姐和我們都決定在花園，可遠眺山谷的這一端吃飯。主人在這裡安放了兩組桌椅，想必被美景民宿的夕陽景觀吸引的人，不是只有我們。沒有蠟燭，不是燭光晚宴，今晚我們吃的是夕照料理。

一夜舒眠醒來，昨天黃昏上演的落日霞暉轉成今天清晨的霧中風景，遠方山谷在一匹紗般的白霧中，若隱若現，樹林和村莊都在霧海中靜靜懸浮著。

梳洗完畢，輕手輕腳地走進主人家的飯廳，老先生早已在餐桌上擺好了各種法國人的早餐選擇。道過日安，老人家開始張羅咖啡，又幫我們把牛奶燒熱。

跟許多健行民宿或山屋一樣，早餐往往都是由男主人負責照顧，老太太還在休息。我們的果醬阿公盡責地為我們服務，讓即將走長路的朝聖客有足夠的熱量能源。

在替菲力跟我備好熱騰騰的「歐蕾」咖啡之後，他坐了下來。

不知為何，屋子裡有不少蒼蠅嗡嗡飛著，揮之不去。果醬阿公越看越氣，才剛坐下來的他，大手連連揮動了幾下，不讓這些小飛蟲靠近食物，同時嘴裡低聲抱怨：

「啊！我們又不是在非洲，要看到肉得先把蒼蠅趕走！」

雖然老人家邊趕蒼蠅邊喃喃說著他要動手把這房子消毒打掃一下，我跟菲力倒是能心情恬適地吃著早餐。想到昨天下午聊到的朝聖步道主題，我們又問起他以前當村長時推動的種種。老人家一聽興致又來了，高興地說他除了鼓勵村子設立了公營健行旅舍之外，還有建立相關社團，參與了在步道旁種植果樹的計畫等等。

「啊！對對對，我們這幾天有看到，有些步道旁種了小樹。」

「那就是我們社團聯合本地其他社團種的，為了以後讓步道有樹蔭，比較涼爽，甚至有水果可以吃。」他笑咪咪地說。

老人家為我們添了咖啡後，接著又說他也參與了統計朝聖客的工作。根據資料數據，去年二〇一二年東亞來的朝聖者，台灣人有二十四個，中國人二十個，日本人三百多個，南韓呢？他頓了一下，超過兩千人！在統計表上佔第五名。

「我還做了個人統計，看看法國各地區的朝聖者分布狀況。」他開心地指著牆上

的法國地圖，說因為我們來，所以在里爾的位置上又多了兩個小黑點。

出發的時間到了，老先生在花園門口與我們道別。看著滿頭銀灰的老人家，我情不自禁地和他行了吻頰禮表示謝意。平常對於民宿主人，我都只用握手方式而已。果醬阿公似乎有點驚喜，笑容燦爛地擁抱我，好像，好像在送自己的女兒或者孫女出門一樣。

離開美景民宿之後，一路下坡，山道迤邐。直到真正進入村子裡，回身一望，半山腰上的民宿在樹叢間露出一角。忍不住拿出相機來，只是，我想在膠卷上留下什麼呢？這「美景」，遠遠的、小小的，還有藏在其中，許多在照片上看不見、說不出的一些思緒吧？

法國・亞胡、拉里巴索哈皮呂、直布羅陀石碑

大交會

亞胡村（Aroue），果醬阿公以前當村長的地方。雖然步道只是從外圍經過，並不進入村子裡，但是因為老村長夫人叮嚀過我們，村裡教堂的鑰匙就放在什麼什麼地方，要我們自己去拿，讓菲力跟我一定要去看看。

小小的村莊，有個漂亮的村公所，小教堂也照顧得清爽潔淨。我們要離開時，正想把鑰匙放回原處，恰好有位太太走了過來，手上拿著一束鮮花的她正準備打掃教堂，笑咪咪地說：「鑰匙直接交給我就好了。」

今天的路程長達二十五公里，出了亞胡村之後，我們的心思又回到雙腳下的路途實景。中午在拉里巴索哈皮呂（Larribar-Sorhapuru）吃午餐，在這個屋宇零星散布，沒有中心廣場的小村，當然，午休是不可能了，太陽在天上催促我們快上路，今天路線上的高潮即將在兩公里之後出現。

直布羅陀石碑（Stèle de Gibraltar），象徵法國境內三條前往聖地雅各朝聖古道的交會點。第一次看到這個稱呼，我還以為跟直布羅陀海峽有什麼關聯，後來才知道原來是附近的地名。這個具有本地巴斯克（Basque）地區特色的圓盤狀石碑，

或者以更精確的中文來說「石碣」，標誌出從以下三大朝聖路線起點來的步道，在穿越庇里牛斯山之前，會合而成為同一條路線，它們分別是樂普依翁韋萊（Le Puy-en-Velay），韋澤萊（Vézelay），和圖爾（Tours）。

第一條樂普依翁韋萊路線就是我們正在走的路線，比較偏南；第二條韋澤萊路線則幾乎是從法國的中心位置開始延伸；第三條圖爾路線比較偏北，它事實上可以往上連接到巴黎。這三條在我們眼前會合的路線，如果再加上另外一條從普羅旺斯的亞耳（Arles）出發的路線，就是法國境內四條到西班牙聖地雅各的主要朝聖古道。

說它們是主要路線，是因為如果攤開全歐洲的朝聖路線地圖，我們可以發現每個歐洲國家都有路線可以和聖地雅各連接起來，不管是經由陸路或水路。而除了葡萄牙和西班牙本身之外，其他歐洲國家的朝聖者如果選擇陸路交通的話，就一定要先穿越法國再跨過庇里牛斯山。在這些彷彿經穴網絡的路線中，上述的四條古道漸漸成為了最負盛名的朝聖路線。

傳統上，除了法國人之外，最偏北的圖爾路線迎來的是從不列顛群島和現今荷蘭、比利時方向過來的朝聖者；韋澤萊路線上主要是從德國方向來的人；樂普依翁韋萊路線則是有從德國也有從瑞士來的；而最偏南的亞耳路線上則是從義大利、克羅埃西亞、巴爾幹半島、以及耶路撒冷來的朝聖者。

「你看！有一條路線可以從莫斯科經過柏林、盧森堡再走到巴黎連上圖爾。」

「嗯，好像從每個歐洲國家的首都都可以走到聖地雅各去。」

是真的。北歐三國加丹麥，還有莫斯科、基輔、華沙、布拉格、維也納、布達佩斯、雅典或羅馬，都可以讓一個人踏上朝聖路途，只要她或他有決心。難怪義大利詩人、《神曲》的作者但丁認為，歐洲意識的誕生和這個朝聖活動的興起是同一個時期。

千百年來，許許多多下了決心，掩上家門，從家鄉教堂出發的朝聖者，口中說著不同的語言，擁有不同的出身背景，可是他們都用雙腳來實踐這個朝聖的行動。望著眼前的直布羅陀石碑，我突然覺得它不只是實體路線的交會點，更是人類可以互相交流的象徵。特別是在這個自古爭戰不休的歐洲土地上，這個無形的大交會，恐怕才是最珍貴的吧？

直布羅陀石碑

好不容易才爬上來的 Soyarza 小教堂

法國・歐斯塔巴阿斯姆、嘉瑪特、聖讓彼得波

我們走到了！

在看過直布羅陀石碑之後，再走上兩公里，有一處在每本指南上都被強調有絕佳視野的 Soyarza 小教堂，終於在眼前出現。一抵達教堂所在的小山丘，方才一路的乾渴瘦疼頓時飛散，這三百六十五度的視線流動，如果不走上來，如何體驗？遠方那皚皚雪峰就是庇里牛斯山脈了。

小教堂非常秀巧，周遭圍種的樹像個綠色花冠般擁護著它，再配上四方遼闊的景觀，使得這座在平地可能不起眼的小教堂，在這裡卻能隱隱散發著一股寧謐又深邃的神聖氣息。也許是受到這股氣息的驅動，我在教堂內的留言簿上用中文寫下了自己的心情，並且請菲力翻譯成法文。

傍晚走到準備過夜的歐司塔巴阿斯姆（Ostabat-Asme）。目前在地圖上看來毫不吸睛的小村，出人意料的是，它在古代是非常繁盛的朝聖要站，曾經設有多座醫院和建築，可以容納五千人休憩。但如今只剩下一些遺蹟供後人憑弔而已。

健行旅舍裡氣氛熱絡，特別是眾人在公用廚房準備晚餐的時候。隔天一早，有位德國女士在天空仍然暗黑的情況下，輕鬆自如、毫不遲疑地出發了。我一看手錶：六點十五分。

「她每天都是這麼早上路，下午等我們到達時，就看到她已經躺在旅舍的休閒長椅上曬太陽。」一位法國女士向我們解釋，說她最近天天都和那位德國朝聖客住同一個地方。

今天是特殊的一天，因為我們今年的路途終點，聖讓彼德波（Saint-Jean-Pied-de-Port）就是今晚的落腳處，行程長度二十二點三公里。上路吧！

步道路線在離開歐司塔巴阿斯姆村之後，一路綿延向西南方向前進。儘管大部分都是鄉下小路，還是有些路段避不開與省道D933並行，我們必須小心翼翼地走在路肩上，教人緊張極了。好不容易走到Galzetaburu十字架的前方，步道即將左轉，我們得穿越D933，換走另一條車流量較小的D522。

「我覺得這裡應該立個交通警示牌，」在隆隆車聲中，望著石刻的十字架上，造型極具童稚、素人風格的耶穌雕像，我提高音量地對菲力說：「畫個拿手杖的步

在晨光中上路吧！

行者，意思是小心朝聖客！」

午餐地點在小而美的嘉瑪特（Gamarthe）。因為我們看到嘉瑪特村名牌子上方，明明白白宣示著：「這裡，沒有基因改造農作物。」讓人覺得這是個用餐的好地方。餐後繼續邁步。加油啊！還有十三公里，按照指南上的標示時間來看，我們必須再走三小時二十分鐘。

兩個多小時過去，跟其他的朝聖客一樣，我們也在老聖讓（Saint-Jean-le-Vieux）找了一家咖啡館歇歇腿。離目的地還有一個小時左右的路程，四公里，心情終於比較篤定了。

老聖讓現在看似個在聖讓彼德波的郊區小村，但根據考古發現，它其實在羅馬帝國時期就已經發展了。這是古代穿越庇里牛斯山的必經之地，一直到十三世紀才將這樞紐地位拱讓給聖讓彼德波。

極具素人風格的耶穌像

飲下一杯香濃的咖啡後，再度上路。日頭高懸，連鳥雀都寂靜下來。經過一座小廣場時，三個國中生模樣的孩子在樹下長椅乘涼，他們的腳踏車就躺在旁邊地上。也許因為天氣太熱，使得這些男孩、女孩都覺得揹著大背包的我們非常值得同情。他們三人不但視線一致地追隨菲力跟我，而且說完日安之後又說加油。

是啊！加油，加油，看！遠遠地，那座古老的城門，不就是聖讓彼德波的老城了嗎？是真的，而且這座老城門就取名為聖雅各門（Porte Saint-Jacques）。

上天，我必須要承認自己的渺小微弱，在接受如此莫大的喜悅時，我沒有言語可用。跨進聖雅各門前，我和菲力肩並肩站在大拱門的一側，放下手杖，將雙掌張開觸撫城牆石塊。

石頭的粗礪觸感和承受日曬後的溫熱同時傳來，我緩緩地、一次又一次地撫摸，似乎無法相信自己真站在聖雅各門前。整整走了一個月，我們終於到了？

幸好不是夢境。當接待朝聖者的協會義工，在我的朝聖手冊上穩穩地蓋下戳章，簽上日期之後，我告訴自己：「這一切，像夢，卻是真實的夢。」

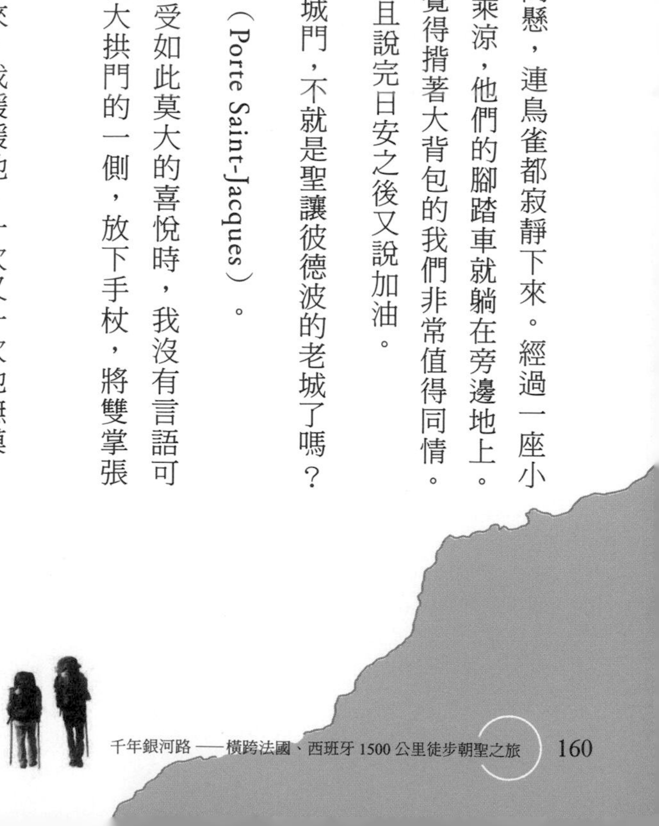

1 抵達聖讓彼德波的那一刻！迎面而來就是古老的聖雅各城門。

2 在聖讓彼得波，「聖雅各步道之友」所設立的朝聖客接待中心可以提供多方位的協助，最重要的是在您的朝聖手冊上，穩穩地蓋下珍貴的朝聖印章。

法國・聖讓彼德波

美哉巴斯克

聖讓彼德波有一個特色值得大大讚揚，那就是本地的公立露營區居然、居然就在老城裡！毫不虛假，這個建於十二世紀末的小城，將它老城內的一大塊綠地闢建為市政府管理的露營區，讓帶帳篷的旅行者在此享有一般法國古城內絕無僅有的優惠待遇。

「走路不到兩分鐘就是老城的教堂，古蹟精華全在這裡，真是不可思議！」還記得幾年前走庇里牛斯山縱走步道GR10時，第一次來訪的菲力跟我簡直不敢相信自己的眼睛。因為在法國，很多城鎮也許是礙於空間條件，或是當地人的觀念差異，大部分都是讓露營區遠離市中心。

「喔喔，好像沒什麼空位。」兩個朝聖客汗濕得像從水裡撈出來似的，在繞了露營區一圈之後得出結論。

就是因為這公立露營區佔有這麼便利的地理位置，因此極容易客滿。而且其管理方式是必須自己找位子，主管單位並不像一般露營區那樣，將每個位子都編號、定有界限。就在我們頗費思量地觀察時，有兩位健行者也走過來加入尋找行列，

她們也是剛剛才到。

「Bonjour!」有位先生對我們四人道日安。

「你們可以用我的位子，」他和善地說，「我的朋友去釣魚了，待會兒他回來，我們就離開。」啊！四個人都鬆了一口氣。

在等待的空檔中，兩位健行客小姐對於那位先生的車子好奇地提問，由此展開了話題。

「我就喜歡這種老式的露營拖車。」他指指自己那造型橢圓的車子。這位就住在六十公里外，一處著名濱海小鎮的先生說，為了避開夏季的海邊觀光人潮，他跟朋友每到周末就來這裡住露營區，圖個清靜。

沒多久，一位拿著釣竿，旁邊跟隨了一隻長毛大狗的先生出現。打過招呼之後，兩個年屆退休之齡的先生開始準備回家的東西。有趣的是，他們開來要拖動那部橢圓老露營車的車子，卻是一輛以茱麗葉情人為名的名牌跑車。

成為我們鄰居的兩位小姐是馬賽人，搭好帳篷後，四人在樹下聊了起來。她們都在小學教書，其中一位是美術老師，身上還帶了小素描本和迷你水彩盒健行。

「你們正在走朝聖步道？哇！那法國部分到這裡就算是結束了？」

「對，今年只能走到這裡，明年再回來繼續走。」

「我們是混合了GR65和GR10，自己設計的路線。」兩位馬賽老師這麼說著。而且一聽說我們也在教書之後，她們好奇地問起台灣教育的種種，我也就自然地談到自己的經驗和想法。

「以後要避免讓別人知道我們的職業，因為每個人對教育都會有意見，尤其是遇到同行。」稍後在吃晚餐時，菲力一臉疲倦地提醒我。他剛才陪著三位熱心討論教育的女性，盡責地扮演偶爾應聲的角色，實在是值得同情。

心思回到此時此地吧！我們在行路了一個月之後，從斐加克走到聖讓彼德波，完成第二年的朝聖之旅，明年夏天就要進入西班牙了。

「那我們這一次更要把握機會，好好品嘗一下巴斯克的味道。」我猜想明年必須從這裡啟程，立刻要翻越庇里牛斯山，我們的心情一定沒有現在輕鬆。

巴斯克（Basque），開頭字母大寫是指巴斯克人，小寫則指巴斯克語。巴斯克地區指的是一個分布於庇里牛斯山脈西端，現今分屬法國和西班牙的地區。巴斯克人擁有自己的語言及文化風俗，特別是語言，和現今的法語差異很大。比如說，

我在自己買的一張巴斯克歌曲專輯上，看到法文的 bienvenue「歡迎」，巴斯克語則是 ongi etorri，在發音上完全不像。有趣的是，巴斯克語的「母親」倒和現代中文很接近，也是 mama。

「其實還沒聽到巴斯克人說家鄉話，光是看到他們的房子，就知道這是巴斯克地區了。」我仰頭看看街道兩旁，那些在純白色的石灰牆面上，將外露木筋及護窗板漆上大紅色的房舍，就是本地區的特色建築。巴斯克人將紅與白視為他們的象徵顏色，在節慶時發揮到極致，所有參與者都穿戴只有這兩種顏色的衣服和配件。菲力跟我在幾年前走 GR10 時，曾經參加過一次，在不敢違逆風俗的情況下，還特別在當地買了衣服和領巾。

「今年要不要去看場室內巴斯克球賽？」菲力提議，我當然說好。

在本地的文化風俗中，最著名之一就是巴斯克回力球（pelote basque）。幾乎每個巴斯克村子都建有戶外的回力球場，一面高大的淡粉紅色球牆，配上兩側的階梯式觀眾座位區，對打的大人或小孩，單手戴著大手套般的曲槽型柳條製球拍，所有人都面向球牆，快速地發球、接球，場上不時發出「砰！砰！砰！」的聲音。

這一回我們看的是室內徒手回力球賽，光是球場就教人大開眼界。對決選手所在位置比觀眾低了一層樓，因此我們可以俯觀整個賽場，同時回力球反彈的聲音在室內迴盪，感覺上更震撼。賽程結束後，主辦單位邀請觀眾下樓到球場上，讓大家摸摸球，跟選手交流。

「哇！真硬！」

「大家可以拍拍看。」賽程主持人對觀眾說。

我也試了幾下，只覺得手掌好像在拍一顆會彈跳的石頭一樣，很痛。

主持人又說了：「巴斯克人從小就玩回力球，但是徒手式的玩法，大多數人受不了痛楚，就會放棄。」

「難怪！」我轉頭看看幾位球員的手掌，上頭都貼了滿滿的膠帶。

看完球賽，今年我還想完成一個心願，我要買一頂貝雷帽（béret）。

幾年前想買又猶豫錯過的貝雷帽，和棍子麵包一樣，都已經成為法國的象徵。這種扁平、無沿軟帽，我今年終於決定買一頂回家。雖然我知道自己戴帽子不好看，買回家以後也不敢戴出門，可是剛才在看回力球賽時，身旁的老人家們個個都戴貝雷帽，那種以自己文化特色為榮的神情，讓人動容。

「全世界的人都覺得這種帽子是畫家的象徵，有多少人知道它來自庇里牛斯山呢？」

「這，又是另外一個故事了。」

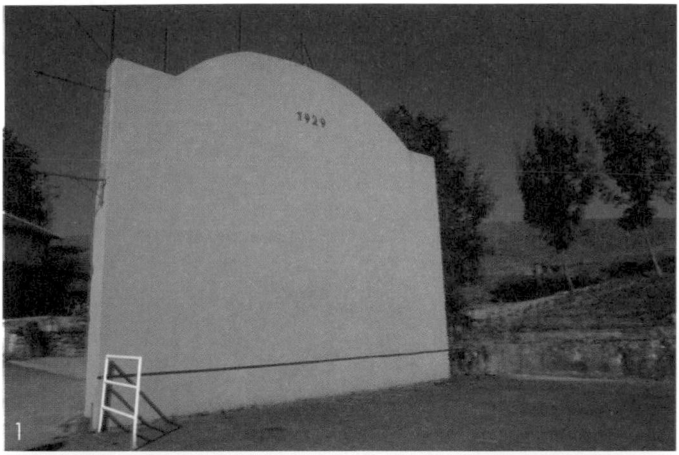

1 一九二九年蓋的巴斯克回力球場（嘉瑪特村）
2 戴球拍的巴斯克回力球賽

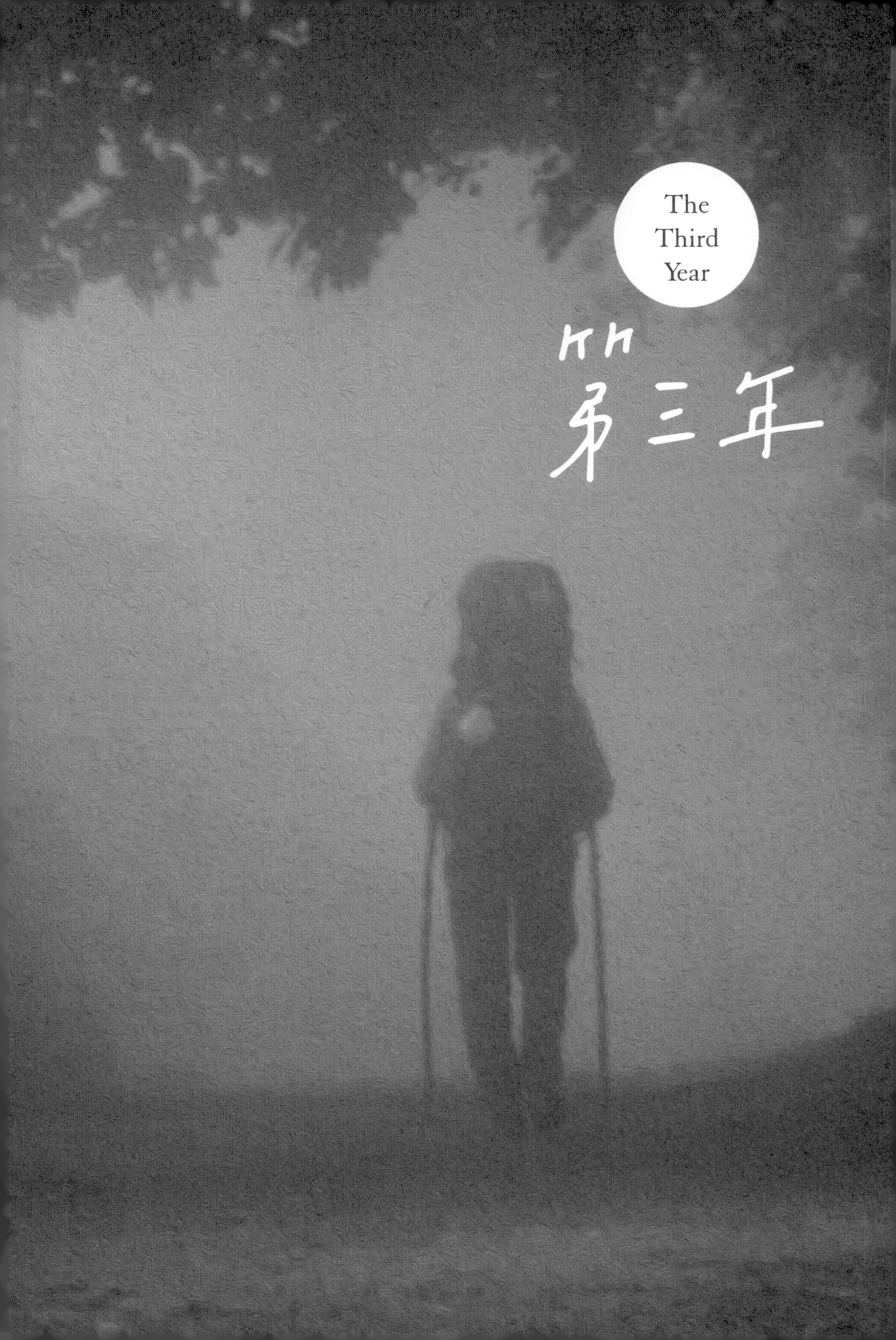
The Third Year
第三年

大西洋
法國
第三年路線
巴約納
Bayonne
畢爾包 Bilbao
0
30
(km)
西班牙
Monasterio de Irache
Fuente del vino
Saint-Jean-Pied-de Port
Honto
(Huntto)
Santo Domingo de la Calzada
Akerreta
Logroño
Pamplona
Viana
Zariquiegui
Villafranca Montes de Oca
Los Arcos
Roncesvalles
(Roncevaux)
Burgos
Zubiri
Belorado
Estella
Puente la Reina
Sierra del Perdón
Atapuerca
Navarrete
Obanos
Lorca
Nájera

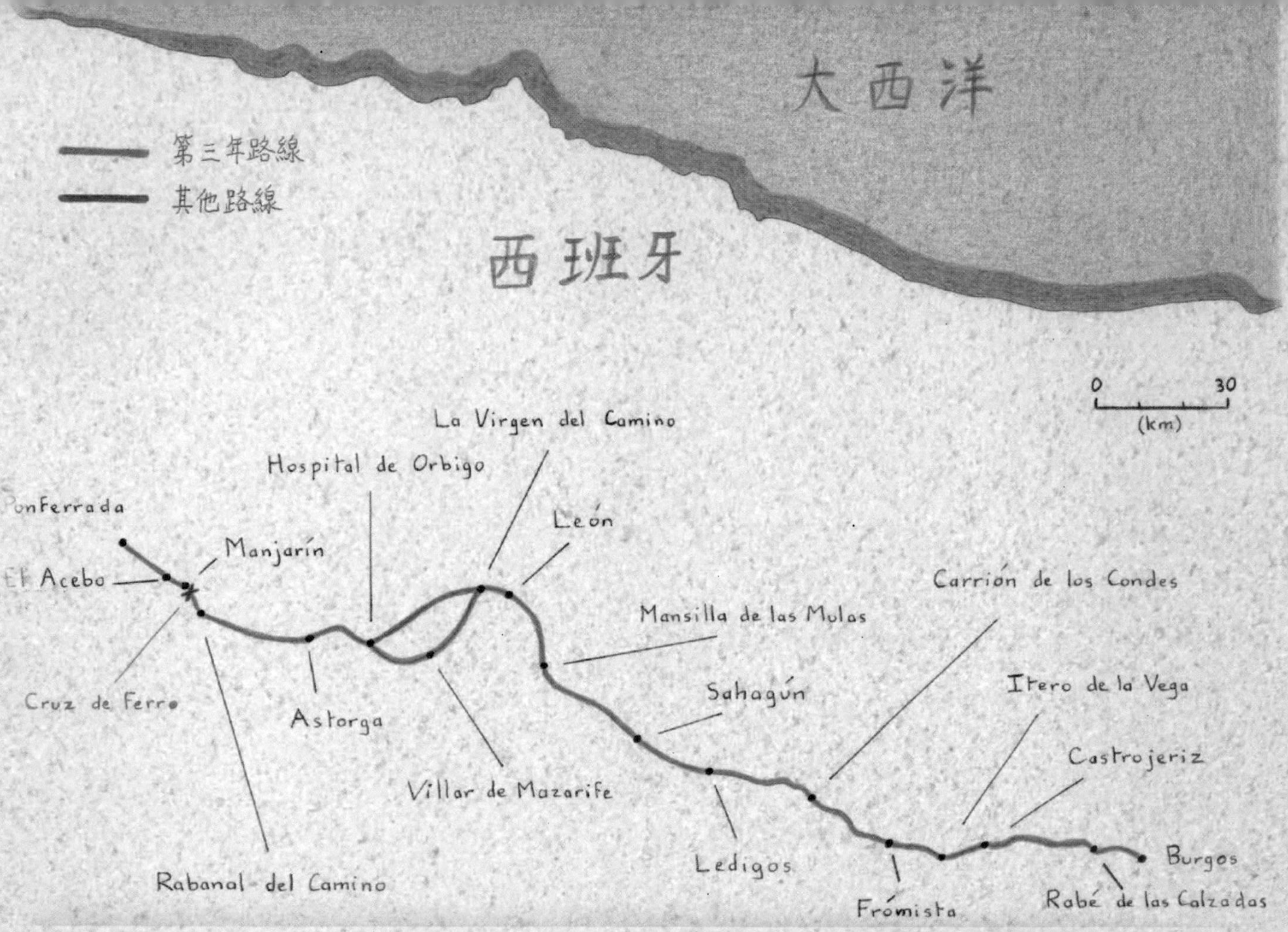
大西洋
第三年路線
其他路線
西班牙
0
30
(km)
La Virgen del Camino
Hospital de Orbigo
Ponferrada
León
Manjarín
El Acebo
Carrión de los Condes
Mansilla de las Mulas
Itero de la Vega
Sahagún
Cruz de Ferro
Astorga
Castrojeriz
Villar de Mazarife
Burgos
Ledigos
Rabanal del Camino
Frómista
Rabé de las Calzadas

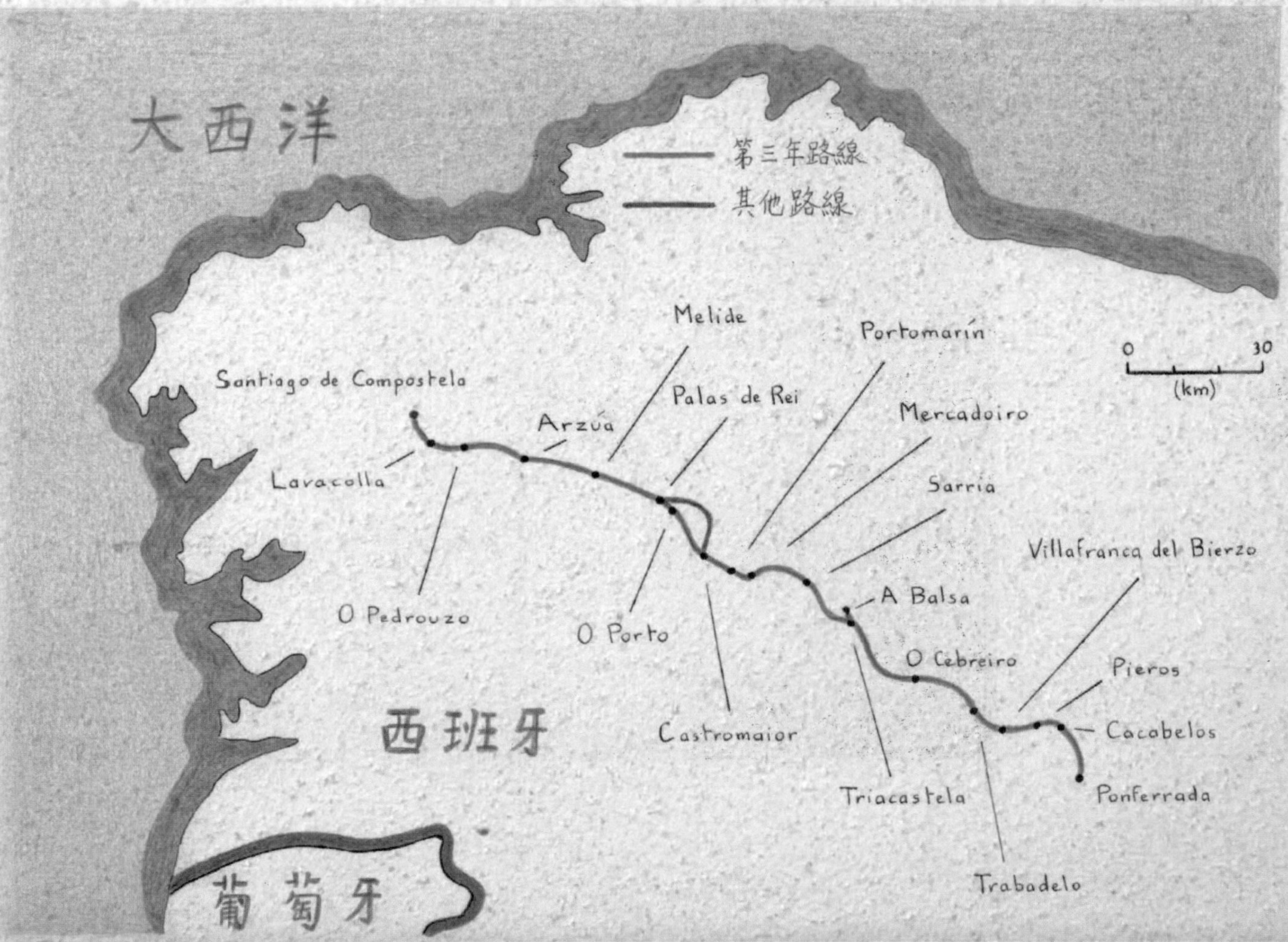
大西洋
第三年路線
其他路線
0
30
(km)
Santiago de Compostela
Lavacolla
O Pedrouzo
Arzúa
Melide
Palas de Rei
O Porto
Castromaior
Portomarín
Mercadoiro
Sarria
A Balsa
Triacastela
O Cebreiro
Trabadelo
Villafranca del Bierzo
Pieros
Cacabelos
Ponferrada
西班牙
葡萄牙

法國・聖讓彼德波、翁托

走去西班牙

晨起，大霧。露營區一片水煙迷離、朦朦朧朧，帳篷內外布滿了細小的水珠，一碰即落。

昨天從里爾出發，四段火車行程，總長一千一百五十九公里，我們又回到了去年的旅途終點：聖讓彼德波。

「你覺得我們今年可以走到聖地雅各嗎？」「不知道，試試看吧！」

早餐之後開始收帳，準備動身。沒想到濃霧竟然直到十點半還不散，整個小城完全浸溶

走過這座橫跨妮芙河的老石橋後，我們就準備離開聖讓彼德波的老城，往西班牙前進了。

在霧裡，四周的山景隱退，太陽也彷若一輪明月。

快到中午時，霧終於消散，陽光出現後氣溫急速上升。兩人走到聖讓彼德波的老教堂，建於十四世紀的大橋聖母堂（Notre-Dame-du-Pont），悄悄地在心裡向聖母瑪利亞祈求一路平安。跨出教堂，左轉穿過一道拱門，拱門下是街道和橋身相連的石板路。踏上老石橋，再看一眼橋下悠悠流淌著的妮芙河（Nive），心裡彷彿也有水聲迴盪。

老石橋之後是「西班牙路」，路的盡頭則是被命名為「西班牙門」的老城門。這個自古迎接無數朝聖者的小城，連街道和城門的名字都是為了指引方向。不過，緬懷歷史的情緒並沒有維持太久，一出了西班牙門之後，眼前的實景馬上讓人回到二十一世紀。

大爬坡。是呀！聖讓彼德波的法文地名 Saint-Jean-Pied-de-Port 原意就是「山口腳下的聖讓」，明明白白點出它的地理形勢。我們今天的步道路線將一路向上攀升，從海拔兩百公尺直上五百，明天將繼續升高到一千四百公尺。

喘息出現，汗水湧冒，伏案工作了將近一年的身體需要重新啟動，腿部肌肉奮力地想找回去年的節奏。

翁托（Honto），第一天的歇腳處。我們在農場民宿裡度過一夜，隔天繼續前行。

走在路上的朝聖者不是只有我們，前天一來到聖讓彼德波就感受到了，從這裡開始，我們即將加入一個國際朝聖者的行列。

走在前頭的一位年輕人引起我們的注意，在他的大背包上縫了一塊布，上頭寫著：「2014 Budapest → Santiago」

「啊？他從布達佩斯走過來的？」

這位匈牙利男孩步履矯健，邊走還邊用右手轉動健行手杖，像個樂儀隊指揮似的。持續往上跨步，今天的第一處重要標示 Biakorri 聖母出現在眾人眼前。被豎立在岩石上的簡樸小雕像，卻是本地牧羊人遠從法國的天主教聖地盧何德（Lourdes）迎來的聖母抱子像，對信徒來說意義非凡。

聖母像前方的草坡上，朝聖者們各自找了歇息的位置。庇里牛斯山脈橫亙眼前，在離大西洋不算太遠的此地，山峰的線條仍然顯得柔和。相反地，這裡的風勢強勁，毫不饒人，我的遮陽帽幾次差點被吹走，Biakorri 這個地名，巴斯克語的意思就是「猛吹的風」。

又走了一個多小時，著名的羅蘭之泉（Fontaine de Roland）到了，每個人都停下取水。雖然山風不斷，讓炎熱的天氣變得比較可以被接受，但是大量流汗之後的

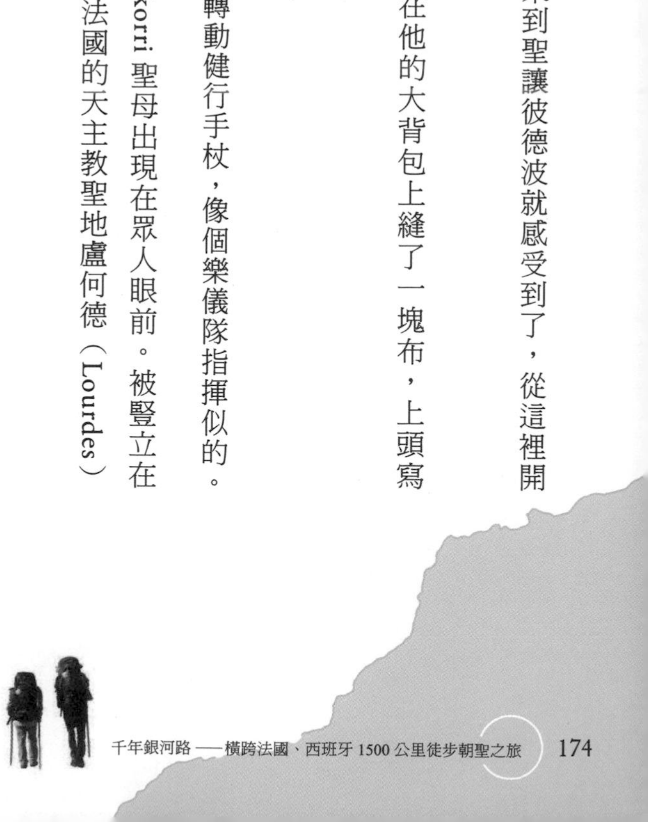

在山風吹拂下，我看到了一匹馬的美麗動人。

乾渴，卻是身體真切的反應。我們也排隊喝了水，而且把遮陽帽淋濕，稍稍擰一擰之後立刻戴上，享受一下短暫的清涼滋味。

解渴之後再上路，走著走著，我突然想到：「咦？指南上不是說過了編號一九九的界碑之後，就是西班牙了？」

「是啊！可是我剛才好像沒注意到……」菲力也轉頭四望。

顯然，專心走路的我們並沒看見那標示法國、西班牙國界的石碑。結果就是，兩人在不知不覺中穿越那條透明但是真實存在的界線，跨入了另一個國度。

西班牙・龍瑟沃

羅蘭之歌

在進入西班牙國界之前，那一處解了眾多朝聖者之渴的羅蘭之泉，原來源自一個法國著名的歷史事件：龍瑟沃之戰（La bataille de Roncevaux）。

這個被法國歷史課本列為孩子必讀的戰役，發生於西元七七八年八月十五日。當時法蘭克王國的查理曼大帝從原本受邀參戰的西班牙，要趕回北方去驅趕侵入萊茵河流域的撒克遜人。就在他率軍翻越庇里牛斯山，經過龍瑟沃埡口時，其後衛軍隊遭遇了埋伏。而已經先通過埡口、由查理曼親領的主力軍隊，在山勢及裝備條件的限制下，就算在聽到求救號角後即刻掉頭趕來，也無法挽回情勢。回到埡口的查理曼只看到陣亡的將士橫屍遍野，其中包括他的外甥羅蘭。

這段史實後來被行吟詩人在各地頌唱傳述，一代又一代地添加情節之後，終於在十二世紀催生出法國文學史上的重要長篇史詩：《羅蘭之歌》（La Chanson de Roland）。在《羅蘭之歌》中，羅蘭的勇敢、自傲、忠主的精神，被不知名的詩人反覆歌頌，成為中世紀理想騎士的化身。在接下來的數百年中，羅蘭的形象深深影響了後世，尤其是十字軍東征時代的騎士。

不過，在詩中的這場戰役及人物，和原來的歷史事件有了不小的差異。首先是埋

伏攻擊羅蘭及後衛軍的，其實是當地的巴斯克人，不是如詩中所說的，被稱為撒拉遜人（Sarrasin）的西班牙回教徒。而巴斯克人攻擊查理曼的軍隊，是為了報復他拆毀巴斯克重地龐波納（Pampelune）的城牆。其次，在詩中安插了一個叛徒角色，他是羅蘭的繼父加奈隆（Ganelon），因為他和羅蘭之間的恩怨，促使其向撒拉遜的國王挑唆襲擊羅蘭。另外，詩人也讓英勇的羅蘭有了一位美麗的未婚妻奧德（Aude），在查理曼告訴她羅蘭的死訊後，哀慟至死。

也許堅持史實第一的人，會認為《羅蘭之歌》扭曲歷史，只能當作是行吟詩人為了取悅聽眾的手法。可是正如《三國演義》的影響力遠超過正史的例子一樣，許多人們心中真切的關公和諸葛亮形象是來自文學作品，而非歷史課本，法國人腦海裡的羅蘭及查理曼大帝也是來自《羅蘭之歌》。

這部在法國文學史上被列為「武功歌」（chanson de geste）類別裡，最具有文學價值的作品，將羅蘭奮勇殺敵、臨死不懼的過程，鋪陳得綿密具體、感情洋溢，令人無法不動容。

讓我覺得最有意思的是，就像關公有一把著名的青龍偃月刀一樣，詩歌中的羅蘭也有一把名劍，它的名字是杜朗達（Durendal）。

西班牙・龍瑟沃

龍瑟沃修道院

「怎麼辦？Roncevaux，按法文發音習慣，第一個音節應該音譯成『宏』而非『龍』。」我在心裡琢磨再三，下不了決定。

「你就用『龍』吧！看起來比較有氣勢，跟羅蘭配得上。」菲力建議我。

好極了！在不知不覺穿越了法、西國界之後，今晚的下榻處就是鼎鼎大名的龍瑟沃修道院。

Roncevaux在西班牙文裡是Roncesvalles，兩個國家說法不同。在進入西班牙之後，我們還有將近十公里的路途要走。一個小時後，兩個人在勒波德埡口（Col Lepoeder）的指標牌前停下來。

「向左走，直接穿過森林下到龍瑟沃去，短一點但是比較陡；向右走，長一點點，但是比較安全。」手上的資料是這麼介紹的。

我們選擇了向右前進。走了一會兒之後，才感覺到這條被認為安全性較高的步道，其實下降的坡度變化還是滿快的，並不輕鬆。幸好沿路有山花綻放，滿坡的桃紅色帚石南及其他野花，讓人可以暫時忘了肢體的疲勞。

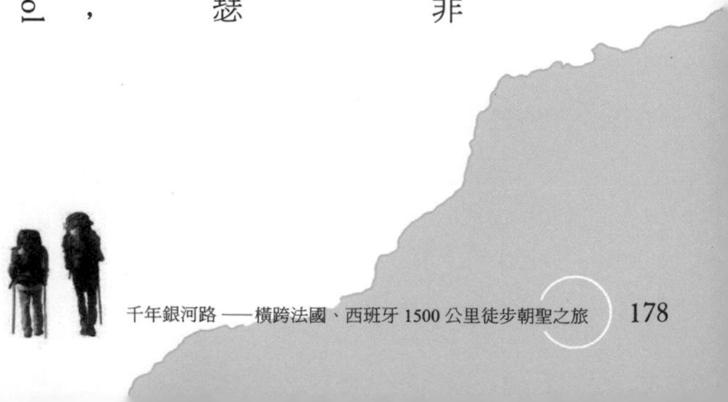

就在連續下坡了一個多小時，步道即將要左轉抵達龍瑟沃之前，在一座外觀現代化的教堂前，有座紀念羅蘭事蹟而設立的大石碑。建於一九六五年的現代教堂所在地，從前矗立的則是十一世紀就設立的小教堂。

「龍瑟沃之戰就是在這裡發生的啊？」身處於一千兩百多年前羅蘭倒下的古戰場，頓時有種穿越時空的奇幻感。

繼續前行，不久就到了修道院。

「哈囉！」首先聽到的招呼語是英語。這裡的服務人員在面對從世界各地來的朝聖者時，語言便選用流通最廣的英文。

修道院裡十分熱鬧，聽得到各種語言，服務人員也從古代的修士、修女變成今日的義工，而且是來自不同國家的義工。我們被引領至團體房，安頓好床位之後，也跟其他朝聖者一樣，排隊洗澡、洗衣服。浴廁潔淨，洗衣房、廚房、用餐區、自動販賣區等，什麼都有。外表古老的修道院裡，有著二十一世紀的設備和人們。

在洗衣房裡有位荷蘭籍的老先生，笑容可掬地照料一切。看到菲力跟我奮力地想扭開水龍頭沖洗衣物時，他走過來，指指自己的手臂，做出一個大力水手卜派的姿勢，然後兩隻大手掌覆住水龍頭，「呀！」一聲，那個宛若中世紀手打的金屬物終於吐出水來。

是扇貝，也像指路的陽光。

老先生笑著說龍瑟沃修道院特別喜歡找荷蘭人當義工，因為他們至少會說三種歐洲語言，其他國家的人往往只說自己的語言。

那麼他自己會說那些語言呢？答案是荷、英、法、德語，四種而已啦！

入夜後，朝聖者們一個一個地上床了。睡在頂樓的我們，很幸運地沒遇上太多的打呼者。將近四十個床位的大團體房裡，我只隱約感覺好像有鼾聲響起，可是有點距離，遠遠的，有點模糊，反倒有一些助眠效果。

涼風輕柔地吹入，熄燈後的團體房一片靜悄。走了一天山路的我慢慢緩緩地走向夢鄉。只是，在身子彷彿快要騰空飛翔於夢土上的時候，我卻又喃喃地自問：「真的嗎？我真地睡在九百年前蓋好的修道院？用一個朝聖者的身分來到了龍瑟沃？」

西班牙夜不眠

西班牙．布爾蓋特、蘇比里、阿克萊塔、龐波納

離開龍瑟沃修道院，接連穿越了幾個小村，漸漸地感覺到自己果真身處於西班牙，語言、聲音、氣味、屋舍、人們都和法國不太一樣。歐洲其實是一個模糊的概念而已，真正進入一個國度、一個空間之後，才看得到細節。

上路後的第一個小村布爾蓋特（Burguete）很潔淨，讓我立刻察覺到的特色是，這裡的水溝是外露式的，就像我小時候的苑裡一樣。出了村之後，我們看見前方有位老先生拄著手杖站在小路旁，彷彿正在觀賞風景，可是一有朝聖者經過，他馬上和對方聊天。

等我們走近他時，老人家不但伸出手來相握，而且跟我們行吻頰禮，好像看到自己的孩子一樣。完全只說西班牙文的他，問菲力：「法國人？」菲力一說是，他又問：「聖地雅各？」菲力又說是。老人咧嘴笑了，祝我們一路順風，我們也連忙道謝。其實菲力跟我都沒學過西班牙文，背包裡放了一本西班牙語觀光會話的兩人，完全用眼神和表情「聽懂」了這位阿公的意思。和我們揮揮手道別之後，老人家又繼續看風景。

第五個村子蘇比里（Zubiri）是我們過夜的地方。說是村子，其實已經沒什麼村莊的寧靜氣氛，因為有一條交通流量頗大的公路穿過，而且我們住宿的旅舍，西班牙文名為 albergue，就在公路的旁邊。

隨著走在前頭的朝聖者進了這家公營旅舍的接待處，負責登記的女士毫無笑容，公式化地收錢、蓋朝聖章，領人到房間之後就轉身離開，其他都不介紹。

「啊！和昨天的龍瑟沃修道院差好多。」菲力跟我都覺得有點驚訝。

這旅舍可容七十人住宿，二樓的浴室只有一間，而且包含廁所和洗手台，只要有人沖澡或上廁所，門就被鎖上。兩人只好去樓下找地方盥洗，結果發現一樓的設備只有兩廁兩浴再配上兩個方形的大洗手台。有個女孩正在洗衣服時，竟同時有一個老先生把腳伸進洗手台，大大方方地搓洗起來。

晚上熄燈後，持續不散的白晝熱氣讓人難以入眠，一屋子的朝聖客大概有不少人跟我一樣都在「煎魚」。沒想到不久窗外傳來隆隆的聲響，混和著高音調的說話聲浪。哦？原來是一個人人拉著行李箱，剛剛才到的大團體。我繼續在腦海裡自我催眠想要入睡，數羊不行，數牛、數雞、數狗都好，我需要睡眠來迎接明天的里程啊！

做不到，一直睡不著，因為窗外的那個大團體實在是太吵了！不知道他們為什麼一直不進房間去，這些西班牙年輕人完全停不下來，他們無法不聊天。菲力忍無

可忍之際，起身走到窗邊，對著樓下的人，用英語請他們安靜。我聽到有個人「噓！」了一長聲，眾人停了一秒，接著又開始說話。

早上倒是安靜一點，因為只有真正步行的朝聖者準備動身，那些坐車來的拉箱族，昨天聊到半夜才進房，現在還起不來。

在今天所有經過的村莊裡，有一個迷你小村特別引起我的注意，阿克萊塔（Akerreta）。在村子的泉水台旁邊立了一塊牌子，說明了這個地方是電影《朝聖之路》（The Way）拍攝的場景之一。我曾經看過這部片子，主題就是聖地雅各步道。片中那位接到兒子在朝聖步道上意外喪生噩耗的父親，最後決定替兒子走完這條路徑。

終於在走了二十公里之後，抵達準備過夜的城。法語稱為 Pampelune，西班牙語說是 Pamplona，巴斯克語則是 Iruña，且讓我用中文稱它為龐波納吧！它就是被查理曼大帝毀了城牆，引發了龍瑟沃之戰的那座古城。

過了著名的 Magdalena 古橋，我們便進入了真正的老城，兩人開始尋找住處。應該是有不少選擇的，根據指南，這個名城裡有好幾處地方可供朝聖客過夜。可是看了幾個地方，不是客滿就是我們自己不喜歡，菲力跟我實在無力再找。好吧！在剛好經過一家被指南列入的旅館門前時，兩人互望一眼，咬牙走了進去。

四星級的旅館，這能說是朝聖之旅該做的事嗎？我心裡有點罪惡感，同時卻又暗自打量周遭舒適的設備，遙遙想起以前，好久以前還在當拉箱族時的旅行經驗。

現代的龐波納以傳統節日聖費名（San Fermín）的公牛奔街活動而著名。這個因為美國小說家海明威而世界聞名的節慶，參與者自願地在街道上被公牛追趕，讓旁觀者覺得緊張驚險極了。因為遊客很多，我們以為今天是活動的前夕，沒想到卻是上禮拜的事。

「沒有節慶時，觀光客還是這麼多？」我有點不解。

當然，眼前的景象讓我們替本地觀光業高興，隨後我們外出找個地方吃晚餐。入境隨俗，兩人進了一家有酒吧也賣餐的地方，顧客群中男女老少都有，應該是實惠又受歡迎的餐廳。不到一分鐘後，又退了出來。原因是我們實在無法忍受屋子裡高分貝的聲浪。那麼，學學其他客人，就圍站在戶外的酒桶桌旁，站著吃東西吧？

「不行了，我必須離開，受不了了！」菲力扯著喉嚨、滿臉脹紅地告訴我。

最後，我們去買了外帶比薩，繞了一大圈才找到一處台階可以坐下。

「啊！至少我聽得到你說話了。」菲力鬆了一口氣，兩人相視而笑。

來自台灣的我，從小就是在爸爸鐵工廠的焊接敲打聲響中長大，我的「耐吵力」其實挺高的。可是，在龐波納的這一夜，我赫然察覺這世界上竟有連我也棄械投降的聲音環境。除了在餐廳裡坐不住之外，連晚上睡覺時，原本想開窗睡覺來節能，卻在打開窗後又馬上後悔。避難似地關上高品質的氣密窗，重新開了冷氣，心裡滿懷感激地想著：「幸好是四星級的！」

西班牙・薩利奎吉、寬恕埡口

寬恕埡口

離開龐波納的這天恰逢週日，狂歡了一夜的人們還在沉睡。兩個朝聖者雙手拎著手杖，深怕發出太大的聲響，一步一步走出老城。不過城市越大，就越不容易走出市區，而步道其實就是馬路。等到我們真正揮別龐波納又離開它的衛星小城，來到一個山丘上的小村莊時，已經是中晝的午餐時間了。

薩利奎吉（Zariquiegui），小小村的名字。潔淨、寧謐，在教堂旁，有個爸爸正和他的小男孩玩捉迷藏。村裡一家小小的食品店在周日還開到下午兩點，讓我們得以買到自家做的新鮮馬鈴薯蛋餅和幾顆扁桃。

「這村子感覺很好，讓人想留下來。」坐在教堂旁的長椅上吃完最後一顆桃子後，我望望四周，說了一句。

菲力一聽就笑了，「可以啊！反正我們什麼都沒預約就是為了保持彈性。」

恰好，薩利奎吉有家小旅舍，僅此一家，我們順利入住，而且在晚餐時還發生有趣的事。在十一位房客中，包含我在內，有四個人具有東亞面容特徵。一開始我們全都互相以為對方是韓國人，結果聊了之後才知道只有一位小姐是韓國人，其他兩位是香港和新加坡男孩，再加上我，韓、台、港、星都有代表了。

今晚的朝聖者晚餐氣氛很和善，值得記下。尤其是我們在去年遇見多次的法國小姐瑪麗亞，竟然又在今晚重逢，彼此都覺得好巧。

第二天上路，奇的是，一早就有強烈大風吹襲，天氣與昨天差異很大。逆風前進，一直走到今天的最高點，海拔七百八十公尺的寬恕埡口（Sierra del Perdón）。

還來不及細想埡口名字的種種意涵，眼睛已先被步道旁一長列金屬雕像吸引。這一列用金屬板鏤刻出由古至今的朝聖者身形剪影的藝術作品，是讓埡口出名的主要原因，在每一本聖地雅各朝聖步道的指南上，都有這些雕像的照片。

風一直不停息，遠方山稜線上豎立著的風力發電機，個個都在轉動。

「寬恕？過了這個埡口，我們就會被寬恕嗎？」我第一個想到是基督教文化中的原罪觀念。或者，以一種更寬廣的角度來看，站在埡口上的我，可以在心裡誠實地問自己：「我希望被誰寬恕？還有，我是否已有足夠的能量去寬恕別人？」

埡口上的風這麼強烈，吹得那些金屬板雕嗡嗡微響。心頭往事也被強風掀開扉頁的我，終究必須承認：寬恕，是一種多麼難以走到的境界，不管是哪個方向。

不過，朝聖步道上有這麼一個埡口被如此命名，對每一個經過的人來說，也許都會在心中留下些什麼吧？

寬恕埡口上的風，一直不停地吹。

寬恕啞口著名的金屬雕像。

星星與酒泉

西班牙・奧巴諾斯、皇后橋、洛爾卡、艾斯特利亞

通過寬恕埡口之後，今天的路程只剩下十點四公里，可算是負擔不大的一天。就在快抵達過夜小城之前，在奧巴諾斯（Obanos）村有標示指出：另外一條朝聖步道在此和我們所走的路線交會，合而為一之後繼續往聖地雅各前進。

就是那一條從普羅旺斯的亞耳過來的路線？我在心裡回憶自己看過的地圖。事實上，這條路線不但可從亞耳經過圖盧茲（Toulouse），來到西班牙，它甚至可以往東方逆溯至義大利，自古就是從羅馬、那不勒斯以及其他地區出發的義大利信徒所選擇的陸路走法。

這個重要的大交會起點，一般都說是奧巴諾斯旁邊的皇后橋（Puente la Reina）。小城名字來自古代 Doná Mayor de Castille 皇后，為了協助朝聖者渡過阿爾加河（Arga）所興建的橋梁，今晚我們就住在這個散發古香的小城。

離開皇后橋的清晨，攤現在眼前的是具有挑戰性的一天，二十二點九公里。對於平常一天不走超過二十公里的我們來說，必須保持節奏，不可兒戲。

值得推薦的美村：西勞基（Cirauqui），就在艾斯特利亞（Estella）附近。

一路上或前或後都看得到其他朝聖者，特別是中途有個大草坡上，被人匠心獨具地修剪出世界地圖的模樣。幾乎每個人都駐足觀賞，而且像是看合照時首先找自己的心理一樣，大家不約而同都先注意自己的國家在哪裡。

「沒有紐西蘭！」有兩位站在我前方的朝聖者用英語說著。我一聽，笑著對菲力用中文說：「我也找不到台灣。」

中午在迷你小村洛爾卡（Lorca）吃到著名的海鮮飯，是我們進入西班牙國境之後的第一次。不過，我的腳出現了水泡，疼痛讓享受美食的心情大受影響。看到餐廳附設的旅舍雙人房一晚才二十歐元時，我幾乎要開口說好。可是，如果每天只走十二、十三公里就停，那得花多久才走得到聖地雅各呢？

1 只是一般的民宅嗎？怎麼會有這樣的門？（西勞基）。

2「叩！叩！叩！」我的朋友你在家嗎？（西勞基）。

3 西勞基村子雖小，但是處處散發著不言自明的歷史氣息。

在「星星」之城的節慶隊伍（艾斯特利亞）

不行，我得繼續往前。就算貼了OK繃的水泡隱隱作疼，就算毫無樹蔭的步道宛若天然烘爐，我還是要走到今晚的住宿地去。

靠著意志力，雖然我一向覺得自己意志軟弱，在腳趾頭水泡的煎熬下，終於走到古城艾斯特利亞（Estella）。渾身冒著水氣熱煙的兩人投宿在一家樓下開酒吧餐廳，樓上兼營客房的老式旅館。浴廁在外的雙人房，一晚三十歐元，優點是離市中心不遠，一切都方便。洗過澡又去藥房買了照顧水泡的用品，兩人趴伏在窗台上看樓下的人群。

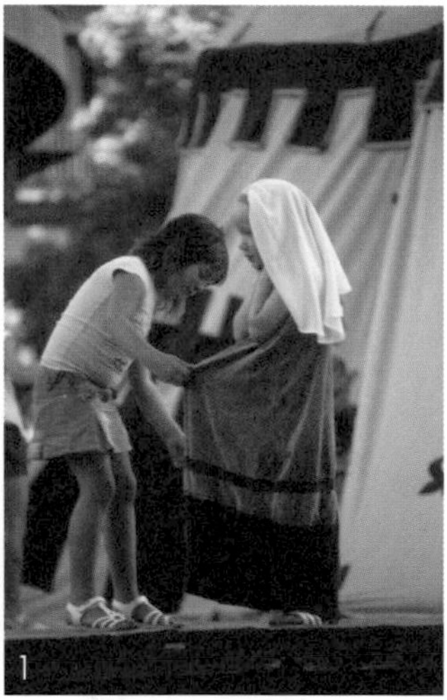

1 「等一下，我幫妳。」
2 「看！我演古代的小孩！」

有節慶，而且遊行隊伍就從我們旅館前經過。以中古時代為主題的熱鬧活動，隊伍中的大人小孩都穿著古裝，還有由人撐持的大型動物偶，隨著音樂舞動前進。整個城都沉浸在歡愉的氣息裡，白天的燥熱漸漸被黃昏的柔和微風吹散。

Estella，沒學過西班牙文的我，在心裡試著呼喚眼前的城。這是個美麗的名字，意思是指「星星」。特別是位於聖地雅各朝聖步道的路線上，以「星星」為名的城，恰恰呼應了呈東西向因而有「銀河之路」稱號的步道。

「一千年來的朝聖者，每晚都以銀河來為自己找出方向嗎？」

可以推測的是，並不在荒野過夜的現代朝聖者，眼眶中的星子一定沒有古人的璀璨。更別說遇上辦節慶的西班牙人，就算在「星星」古城裡，我們也得過了半夜十二點之後，才得以走入夢鄉。

若有朋友問我：在星星之城入眠，夢裡可有星光？我想自己也許回答不出來。不過，在艾斯特利亞南方兩公里外，有一個古老的修道院，倒是讓人眼睛裡閃現光芒。因為如今已不接待朝聖客的修士們，用一種新穎但是又富含古意的方式歡迎路過的朝聖者，因而將 Irache 修道院的名聲傳播至全世界。

當您來到這裡，別忘了走到修道院門外，尋找一面有朝聖者雕像的石牆。相信嗎？有一道紅葡萄酒泉正在等待您。

是啊！古代的朝聖者被接待時，哪有不喝葡萄酒的？

西班牙・洛薩爾科斯

瑪麗阿嬤的家

酒泉也許可以讓人眼睛發亮，笑容綻放，但是腳下的路途倒是足以讓朝聖者很快清醒。今天路途總長達二十一點四公里，在輕嘗了紅酒滋味後，我們又立即上路。

天空好藍，藍得教人絕望。一路經過的廣陌麥田，顯然是為了配合機器耕作，路旁都沒有樹，完全曝曬於烈陽下的土地，乾燥如荒漠。麥田上堆放的麥稈堆，綑紮成體積龐大的塊狀，層層堆疊，彷似建築物。有一群也是朝聖者的年輕人，竟然爬上頂端去躺下休息，看得我渾身皮膚都刺癢起來。

天氣這麼炎熱，每個朝聖者都在尋找那不存在的涼蔭。在經過一處葡萄園時，精神有點恍惚的我，聽到一種奇怪的呢呢喃喃。定神探看四周，原來是有個男孩躲藏在葡萄藤下，脫下大背包，戴著耳機，正隨著音樂一邊哼唱一邊扭動上身。

好不容易抵達預備過夜的小城洛薩爾科斯（Los Arcos），感謝上天，因為我察覺到自己的忍耐上限已經開始亮起紅燈，腳趾上的水泡疼得我像是個被迫纏足行走的人。洛薩爾科斯不大，但是在主要街道上，家家戶戶的樓面大門都精雕細琢，極富美感。朝聖步道沿著這條大街一直走到老城的核心聖瑪利亞廣場，本城的大教堂就在這兒。在一家專門接待朝聖者，由民間社團經營的旅舍裡度過一夜，隔天清早我們買了早餐後又回到大教堂前。

「這歐巴馬蘋果派真好吃！」我笑著對菲力說。

昨天經過一家麵包店前，赫然看到門口貼了歐巴馬笑容燦爛的照片。哦！原來是他來過這裡品嘗了蘋果派，特別和老闆拍了合照。

上路吧！天空這麼藍，太陽這麼閃耀，怎麼可能不振奮呢？沒想到走了七公里之後，在第一個出現的小村子裡，菲力跟我首先尋找的就是藥房。

「您的趾頭已有細菌感染的現象，必須消毒。」藥師在看了我的腳之後做出判斷。乖乖地買了藥膏以及保護水泡的貼布後，我們坐在藥房外的長椅上準備照顧我的腳。出乎意料的是，恰好路過的兩組人馬，一群騎單車出遊的西班牙男女青年和一個西班牙家庭，竟然停下來，圍繞在我和菲力身邊。

也許是我們背包上的聖雅各扇貝顯示了兩人朝聖者的身分吧？大家都覺得應該幫助我們，七嘴八舌地提出建議。眾目睽睽之下，痛得投降買藥布的我，光著腳一步一步地照著眾人的吩咐做。

「對，就是要像這樣貼上去。」三口之家的爸爸說，用純粹的西班牙文加手勢。

「這是防水的，不用天天換，兩、三天換一次就好。」三口之家的少年用英語解釋著。

「妳看！我也貼了三塊，同一個牌子的。」三口之家的媽媽指指自己的腳，還安慰我說貼了以後就不痛了。

用我們唯一會說的西班牙文道謝後，菲力跟我重新上路，熱心的西班牙朋友們終於也各自繼續他們的旅程。

才走不到半個小時，爬坡到另外一個小村時，「啊！不行了，我不想走了。」意志力崩潰的我，頹坐在小村的石椅上，對菲力說出自己的沮喪。這是我第一次說不想走，在菲力跟我十多年的健行經驗中，第一次因為腳痛而萌生放棄的念頭。

「妳想休息的話，我們就在這裡過夜吧！我去找住的地方。」菲力拍拍我的肩頭，將大背包放下後，便急匆匆地拿著指南去找村子裡的旅舍。

「喂哦！」在我們不遠處，有位出門散步的老先生突然對著菲力喊，接著又朝向我走過來，咕哩哇啦地用西班牙文說了一長串。

忍著疼痛，我向他點點頭又微笑，試著用手勢讓他知道我聽不懂。老人家繼續說話，我尷尬地傻笑，不知道該怎麼辦。幸好，這時旁邊民宅裡走出一位正準備去倒垃圾的太太，老人家這下終於可以對她說話了。

「你們想找一個住的地方？」這位太太用英語問我。趕緊點頭。

「老先生剛才說妳先生走錯了，他走的那個方向沒有旅館。」啊！原來是這樣，連忙向老人家說謝謝。

塵埃落定。過了一會兒菲力重新出現，說他繞了一大圈終於找到一家民宿，瑪麗的家（Casa Marí）。見到了瑪麗，是一位完全不會說英語的老太太。神奇的是，看著她的眼神，我們耳朵裡傳進來的西班牙文完全可以被理解，好像經過了自動翻譯機似的。

「冰箱裡的青菜是我自己種的，蛋也是我家母雞的，你們想吃就拿來煮。」瑪麗阿嬤打開房客公用廚房的冰箱指點我們。

就在菲力跟我開口道謝時，她十分自然地伸出手摸摸我們的後頸項，就像是回應關係親近的晚輩一樣。煮晚餐時，一場猛烈的暴風雨降臨，傾瀉的大雨伴隨著閃電及雷鳴。同住這家民宿的許多朝聖客紛紛走到陽台上，拿出手機拍下閃電奇景。

「還好嗎？」瑪麗阿嬤出現，關心地問我們。穿著圍裙的她顯然也正在自家的廚房準備晚餐。

一切都好。暴風雨雖然強猛，但是短暫，很快地將寧靜還給小村。我腳上的水泡也許不能奇蹟似地痊癒，但是今天晚上，在瑪麗阿嬤的溫暖笑容中，什麼疼痛都得到了安慰。

藍天空和黃箭頭

西班牙・比亞納、洛葛羅尼奧、納巴雷特、納赫拉

住在法國北方，每當有太陽露臉的日子，我們就忍不住要出一下門，走到有日照的廣場上，將自己變成一棵渴望進行光合作用的植物。可是走在西班牙的步道上，我卻好懷念那從來不會太熱的氣候。

「人就是這樣，天天曬，就沒什麼了。」我邊自嘲邊吞嚥口水。

日日日晴，連暴風雨都是短暫的消暑而已，解不了大地的渴。我想借用有名的詞句「天天天藍」來描述此時此地的情景，是的，一步一步前進的我已經被融入這永無止盡的「西班牙藍」了。

早上揮別了瑪麗阿嬤，不到中午就走到了小城比亞納（Viana）。一城的歡樂人潮，有高大的人偶遊街，還有在圓形競技場裡的人牛對抗。我和菲力基於好奇心，在問明不是印象中的鬥牛之後，決定去看看。

其實，該說是「戲牛」。牛隻在被人群誘引穿過街道之後，進入了競技場，參加活動的人則在圓形場子的沙地上試圖挑弄牠們。

天氣太炎熱，下午兩點開始的活動正好挑選了日照最強烈的時刻，牛兒們都在喘

1 長路漫漫，天天腳痛，要放棄嗎？

2 風雲變幻、晴雨不定，朝聖步道仍然延伸向前。

3 考驗意志力的朝聖步道。

氣，根本不想動。可是為了製造氣氛，人卻得頻頻刺激牠們，讓牠們氣喘吁吁地衝向那些故意激怒牠們的人。牛越不耐煩，衝撞躲閃的場面就越驚險，而圍觀的群眾就越容易驚呼高叫。

我沒有看完全部的過程。因為當我看到其中一隻牛於試圖衝出競技場時，撞斷了角，流了半臉的血，頓時覺得這些戲弄的舉動並不比用尖刺殺牛仁慈。

第二天出發，走了兩個多小時的路程抵達大城洛葛羅尼奧（Logroño）。可親的是，城市雖大，但是對朝聖者有一份貼心的服務精神，步道的選擇全是很人性化的公園步道以及老城古蹟精華的街道。連市民都很和善，幾乎人人都對我們說：「¡Buen Camino!」（一路平安！）而且只要菲力跟我稍微在街頭猶豫一下，馬上就有路過的本地人主動指路。

2

1 西班牙人就是熱情，節慶時氣氛就更熱鬧了。
2 「看到了嗎？就是這樣吹。」

1 每次有牛隻入場，四周的人們似乎就更興奮期待。

2 剛剛進場的牛，還未鎮定下來。

3 牛一衝撞，人就趕緊躲入護欄。

下午的路線則幾乎全穿行於葡萄園之間。氣溫度度爬升，看著行行列列葡萄藤下乾裂的紅土，讓人也隨著血壓升高，唇乾舌燥。幸好晚上過夜的小鎮納巴雷特（Navarrete）氣氛祥和，民宿老闆也親切，白天所有的疲累都得以卸除，兩個朝聖者擁有了一夜舒眠。

清早出發，邁步吧！目前我們身處的地區里奧哈（Rioja）是西班牙著名的葡萄酒產區，因此今天又是綿延相連的葡萄園景觀，偶爾穿插幾處橄欖園，渲染出幾抹銀灰綠的色調。

「這個黃箭頭比較特別，我拍照一下。」

在西班牙的朝聖步道上，除了正式的路標指示以外，似乎也習慣用一個簡單的黃漆箭頭來輔助朝聖客。這樣的作法並不存在於法國地區，而是屬於西班牙的特色。不過，大概是太害怕朝聖客迷路吧？某些地方的西班牙人果真將這專門給朝聖客看的黃箭頭到處漆，漆得大大的，讓人想迷路一下都不行。

「說真的，有時候有點亂。」菲力曾經小小地評了一句。

沒關係，平安走到預備過夜的古城納赫拉（Nájera），我還是必須向這些簡單明瞭的黃箭頭以及漆上它們的人說謝謝。

1 有點現代藝術風格的朝聖扇貝和黃箭頭（洛葛羅尼奥）。

2 雖然有點簡便，我們還是感謝本地人的熱心。

住進一家小旅舍，房間外居然很奢侈地擁有一個小陽台。啊！腫脹疼痛的腳丫子終於可以暫時擺脫又大又笨重的健行鞋，自由地吹風。

上天，微小的我必須感謝祢，賜給我們美好的晴日藍天，又讓這麼多照顧步道、畫上黃箭指標的義工幫助我們。我更要感激祢的提醒，讓站在陽台上的我看見正在對面河畔公園草地上的那位老太太。

那位老太太是誰呢？她是我們今天在路上遇見數回的朝聖者，巧的是比我們晚到的她，也住進了同一家旅舍。

在這黃昏時刻，洗過澡後的朝聖客們大概都各自去做些休閒的活動了，那位老太太顯然也正在草地上休憩。我看到她，臉上依然有著溫煦的笑意，雙手拄著復健手杖，正在一步一步慢慢地走著。

非鸛鳥踟躕

第一次看到鸛，是在波蘭。二〇〇一年的春天，波蘭一處找不到其他旅行者的鄉下，菲力跟我首次看到白身紅喙又翼尖帶黑的這種大鳥。

「鸛」是牠們的正式名稱，如果介紹牠們的俗稱，也許會有更多人知道，因為鸛就是我們在卡通裡常常看到的「送子鳥」。

法文的鸛是 cigogne，在法國許多地區都見得到牠們。特別是東部亞爾薩斯（Alsace）地方的鸛鳥，更已經成為觀光宣傳的核心，當地人將牠們的身影呈現在各種土產包裝上，幾乎要成為地區標誌了。

每次遇見送子鳥，一天的路途疲倦就比較容易被卸下。

那麼眼前在古城納赫拉教堂鐘樓旁築巢的這一家子，牠們是路過抑或選擇定居在這溫暖的國度呢？不管怎麼樣，身為朝聖者的我們是確定要繼續往前的。無法學鸛鳥飛翔，我們必得步步腳踏實地才能移動向前。

如鸛鳥展翅，菲力跟我穿越過山丘和田園，與許多朝聖者們交會又分離，或無言或微笑互道日安地次次相見，即使沒有翅膀，我們也將自己腳下的路線拉得好長。

聖多明各德拉卡爾薩達（Santo Domingo de la Calzada），名聲不小但是有點寂寥的小城，因為流傳著一個和朝聖客有關的復活傳奇而出名。今晚我們找到一處在老城大教堂旁的小旅舍，睡到半夜卻被鐘聲吵醒。原來大教堂的鐘樓自凌晨三點開始鳴鐘，每小時一次。帶著黑眼圈的兩人照常清早出發，遇到路上第一家開門的咖啡館之後，立刻「下馬」，灌下一大杯咖啡以提神。大背包重新上肩時，發現咖啡館旁邊的麵包店，竟然取名為「耶穌」。

朝聖步道也不是只有穿過鄉野小村而已，這一天的路途有六、七公里以上都在國道一二〇的旁邊，又吵又單調。有一本指南哀嘆說現代的高速公路其實是原來的歷史古道路線，而這些呼嘯的車陣就成為現代朝聖者的苦難磨練。

幸好，喧囂的路段是有盡頭的。走到預備過夜的貝洛拉多（Belorado），進入老城區之後，周遭的聲音環境變得比較友善。遊客中心的服務小姐很熱情，連超過

下班時間才站在她辦公室門前的我，都可以請她在我們的朝聖手冊上蓋章。

「看！教堂上有五個鸛鳥的窩。」

是呀！鸛鳥飛來，我們也到了。

看著高高的窩巢上，真有鸛鳥在休息，我突然聯想到了多年前看過的一部電影，希臘導演安哲洛普羅斯（Théodoros Angelópoulos）的《鸛鳥踟躕》，法文片名是*Le Pas suspendu de la cigogne*。

這樣的聯想並沒有任何文史情節的關係，影片的色調氛圍也完全不像我現在所處的西班牙環境，唯一的線索連結，就是鸛鳥。如果新生兒的降臨是代表著希望和幸福，那麼我們眼前的送子鳥，就是這些美好嚮往的使者了。

西班牙・阿塔普爾卡

日本歐吉桑朝聖客

濛濛天色，猶豫在黑夜與白日之間，四周景物全隱匿在濃霧中。雙腳一步一步地邁，兩根手杖也一篤一篤地響，像是我自己摸索前行時的心跳聲放大。

「這霧這麼濃，比我們更早出發的人怎麼做呢？他們都平安穿越這撥不開的密厚水氣了嗎？」

昨天在阿塔普爾卡（Atapuerca）的小旅舍裡，遇見了幾位和善的朝聖者，大家在輪流使用公用廚房時，很自然地有了愉快的交流。

「啊！你們也說法語？太好了！」首先是一對法國夫妻。來自波爾多的他們，路線起點就是自己居住的城市，一路走到這裡，覺得自己成了少數民族，因此很高興可以遇到我們。

接著是兩位日本先生。由於在路上曾經相遇過兩次，所以煮晚餐時便多了幾分親切。看來比我們稍稍年長的兩人，手腳俐落地切菜煮麵、拍蒜爆香，甚至還準備了一小瓶醬油隨行。香味四溢的廚房裡盈溢著歡快的氣氛，再配上冰涼的啤酒，啊！我們這兩位快樂的日本歐吉桑朝聖客，在開動前當然要拍照留念。受託的我接過相機，跟他們一齊用日文喊：「乾杯！」然後按下快門。

「我們是從四國來的人。」透過英語和漢字書寫，歐吉桑簡介了自己的家鄉所在。妙的是，那一對波爾多夫妻先前興致勃勃地提起這兩位日本男士時，告訴菲力跟我：「我們已經跟他們相遇好幾次了。原先是五個人，有一個老奶奶、一個小孩，還有一位女士，再加上他們。現在只剩這兩位男士繼續走。」

波爾多太太頓了一下又笑著說：「你們等著看，明天清早準時五點鐘，他們就會開始在廚房煮飯。錯不了，我們每次跟他們住同一個地方時，都是這樣！」

有人懷疑日本人的準時精神嗎？別浪費力氣了。睡在廚房旁邊的團體房裡，當我被爆香的蒜頭味搔得睡意全消時，一看手錶：五點零五分！

和我們同寢室的則是兩位義大利先生。幸運的是，他們並不打呼，而且是安靜又早睡的人，晚上不到九點就已躺平，清晨四點多便起床，輕手輕腳地把大背包拎出房間去準備。當我四點半去上廁所時，在走廊上看到兩人已整裝完畢，微笑地和我互道再見後，就推門出發了。

是的，四點三十分義大利人出發，五點四十五分日本歐吉桑上路，六點整是波爾多夫妻，六點四十分就是我們。

「也許，他們都準備了頭燈吧？跟準備攻頂的登山者一樣，必得在凌晨摸黑上路。」我邊走邊猜測。

想到那兩位臉上一直有笑容的歐吉桑，我必須承認昨天晚上他們的醬油蒜香炒麵，讓我的胃有了一夜的鄉愁。

「世界文化遺產」聖瑪利亞大教堂

再一次站在聖瑪利亞廣場上，在周六清晨的珍貴寧靜中，我緩緩舉起相機，用自己的方式，向眼前的聖瑪利亞大教堂告別。終於，大教堂恢復了原來的容顏，接受了一個來自遙遠東方的女子，虔敬而喜悅的眼神。

布果斯（Burgos），聖地雅各朝聖步道上的名城之一。昨天下午抵達的兩人，在乾燥炎熱的天氣下走了一天的路途之後，住進了一家百年旅館。因為沒有現代空調而價錢實惠的老旅館，我們那一晚五十七歐元的雙人房，不僅有陽台，浴室甚至大到可以在巴黎當出租公寓。

最美妙的是位於市中心老城的它，離布果斯的歷史精華聖瑪利亞大教堂（Catedral de Santa Maria）不遠。可以在洗去一身塵土之後，慢慢走到大教堂去，這不就是我們一心追求的朝聖之旅嗎？

到了。以聖母名字為名的大教堂，一九八四年被聯合國教科文組織列入世界文化遺產的它，以其長度八十四公尺、寬度六十公尺的宏偉身形，懾人眼目，這是全西班牙甚至全歐洲的最大教堂之一。

一切都被那麼細膩地雕刻，繁複裝飾，大門、牆面、尖塔、鐘樓、飛扶壁，每一根拱柱，每一扇彩色玻璃窗，都由無數工匠以心血灌注、巧手拿捏而成。一代又一代的建築師，在一處又一處的主祭壇、偏祭壇、裝飾屏，或者擁有不同名稱的入口拱門等等，留下自己的姓名及風格。自一二二一年由國王和主教奠下第一座基石之後，大教堂在數百年間被不斷地增建和修飾，彷彿是人類追求神聖、永恆的心念無法止息一般。

當之無愧的世界文化遺產（布果斯聖瑪利亞大教堂）

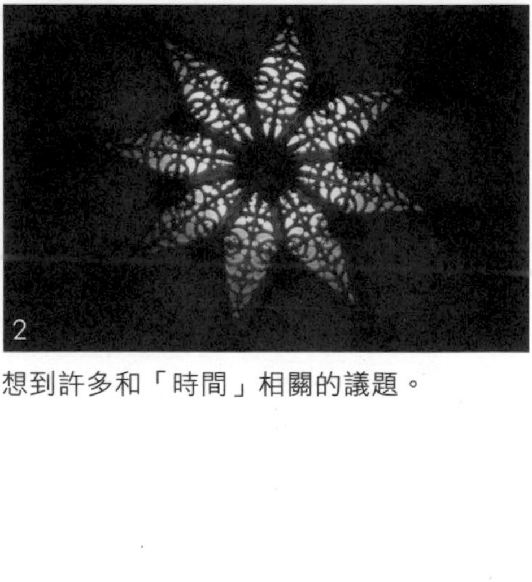

1 每次欣賞這樣的石雕作品，總讓人聯想到許多和「時間」相關的議題。

2 又一顆「星星」

3 聖瑪利亞大教堂的「星光」

和巴黎聖母院一樣，布果斯的聖瑪利亞大教堂也是一座哥德式建築傑作，同樣有教人讚嘆的玫瑰窗和精緻的雕像。可是，位於西班牙的它比起前者又多了一些不同的色彩，因為在這塊土地上，曾經有伊斯蘭教文化流淌，阿拉伯風格的藝術手法因此也揉合了進來。

「這，就是它與巴黎聖母院最大的不同了。」當我和其他人一樣，站在大教堂中心位置，在中殿與翼廊呈十字交叉的地方，把頭仰得高高地，讓自己的眼睛承接住來自天上的「星光」，我的心底霎時響起了一陣自己才聽得見的樂聲。

它是一顆星星，是一顆擁有八道星芒，用精美鏤空雕刻手法組構成的石雕星星，它是大教堂的星狀採光天窗。每一道星芒至少都有好幾公尺長的它，高懸在離地數十公尺的中殿上方，散發出極其柔和的光線，由天上來的自然光芒。

在這顆引人聯想到天堂的星星之下，安眠著布果斯的歷史英雄錫德（Cid）和他的妻子希美娜（Chimène）。

十一世紀時出生於布果斯不遠處的一座村莊，英勇善戰的錫德曾經是這座城市的統治者。因為與國王不和而遭到流放的他，一生夾處於西班牙基督教與伊斯蘭教勢力的爭戰中，但是在歷史洪流沖積之後，留下來的是後人對於其智慧和勇氣的讚賞。

不過，讓錫德和希美娜永恆不朽的則是文學。先是有西班牙作家以他們的故事創作了戲劇，後來又有法國古典悲劇之父孔耐爾（Corneille），以此為底本，在一六三七年推出了他的名作：《Le Cid》。劇裡描述錫德為了替父親雪恥而必須和仇人決鬥，但是這個即將死在他劍下的人卻偏偏是他未婚妻希美娜的父親。

戲劇也許不是史實，但是卻深入人心，我們在布果斯得到了印證。

放下相機，在清晨的寧謐氛圍中，菲力跟我揹上大背包，在心裡向聖母表達了感謝之意後，一步一步地走出了布果斯的老城，展開新的一天，朝聖者的一天。

昨天下午在知道必須付費才能進入大教堂的驚訝與不悅，看見服務人員粗魯又冰冷的不適，還有人人戴耳機聽語音導覽且時時有閃光燈乍射光束的景象，在清晨微風中，在以聖母為名的神聖所在，這一切都可以放下。

西班牙・拉貝德拉斯卡爾薩達斯

背包阿里郎

離開布果斯之後，今天我們只走十二公里就休息，晚上在一個小村落拉貝德拉斯卡爾薩達斯（Rabé de las Calzadas）過夜。唯一的民宿 Libéranos Domine 就位於

教堂廣場上，女主人樸實而親切，定價的方式也很乾脆。過夜八歐，晚餐八歐，早餐二點五歐，只要十八點五歐元就可以享有一宿二餐的服務。雖然不是名廚精饌，她自己掌廚的晚飯，還是讓我們吃到了湯、沙拉和馬鈴薯蛋餅，附加紅酒和一小盒優格。

「哦！好多玫瑰。」飯後在村子裡散步的我們，看到小廣場上的花圃裡，妖嬌美麗的朵朵花顏。四周環境潔淨祥和，教堂鐘聲撫人心神，特別是每一刻鐘的報時音樂，聽在我這個台灣人耳裡又特別親切，因為它非常像

洗過澡也洗好衣服後，來看看明天的行程吧！

台灣學校裡的上下課鐘聲。

這是個教人心情怡適的夜晚，而且團體房的室友也很和善，其中有三位是來自韓國的年輕人。其中一位讓我印象特別深刻，因為這個男孩揹著極大的背包，抵達時間又比我們晚，親切地打過招呼後，說他自己今天走了四十公里。

「啊？！」四十這個數字飄進耳裡，讓我差點被自己的口水嗆到。後來的晚餐時間，只見他神態自然地拿出野營炊具，沒多久就給自己煮了熱騰騰的一大碗泡麵。

另外兩位一男一女情侶模樣的韓國年輕人則是使用了民宿裡的廚房。當他們開口問老闆娘可不可以只向她買半包義大利麵時，我瞧見這位西班牙太太張開嘴，呆了好幾秒。最後，她決定免費送他們麵條。

一路走來，今晚這三位友善的韓國青年並不是我們首次遇見的「阿里郎」，從法國和西班牙交界的步道開始，亞洲的朝聖客就是以韓國人為主。不過，他們卻特別讓人難忘。除了那位一天走四十公里的泡麵超人之外，另外一個男孩也讓我開了眼界。

原因是稍早當我拿著盥洗用品走進民宿裡的大浴室，準備排隊洗澡時，正奇怪眼前一排的洗手台並沒有人，為何耳裡卻聽到搓揉衣服的聲音？循聲望去，在其中一個淋浴間，在那扇被挑高的門板下方，我看到一雙赤裸的腳。水煙瀰漫中，它們在主人輕哼歌聲的節奏下，正在忙碌地像兩隻手一般，奮力踩踏一大團被浸泡得鼓鼓的衣服。

「我們兩個旅行了這麼多年，怎麼從來沒想過可以一邊洗澡一邊洗衣服？」晚風中，菲力跟我笑得前仰後合，連旁邊的玫瑰都笑彎了腰。

聖地、教堂、藥房

西班牙・卡斯楚赫里斯、弗洛米斯塔

唐三藏到西天取經的時候，曾經遭逢過什麼呢？畫家筆下的他是一位步行者，小說、戲劇中的他騎馬；畫中的他自己背負行囊，西遊記中的他卻有徒弟代勞。而唐三藏或說玄奘又跟當下此刻的我有什麼關聯？確實找不出來，只不過，我們都朝西方前進，而目的地都與宗教有關。但是，金陽在上，黃土在下，我為什麼想到玄奘呢？也許是因為我多麼希望自己也有個像孫悟空一樣的徒弟，用他的觔斗雲將我跟菲力送上眼前的山頂。

剛才一走出卡斯楚赫里斯（Castrojeriz）村，眼前便出現一列拔地而起的突兀山丘。上頭有一條細細的線條蜿蜒伸展，在乾熱的天氣下越看越使人舌乾唇焦，而那條細線便是我們即將踏上的步道。

不知道是不是真的別無選擇，總之朝聖路線硬是要往那山頂上爬，我們只好跟隨。當真走到山腳下時，仰頭一望，前方上頭已有幾點人影，甚至有單車騎士呢！殘忍的是，我們雖然比那三位騎士晚到，但是沒多久就趕上他們，因為這山坡實在是太陡了！其中那位年紀最大的老先生早已經放棄騎乘，下車用推的。光頭的那位則是奮戰不懈，他不但不放棄，甚至先騎自己的單車往上爬一段之後，再走下來幫另一位心有餘而力不足的夥伴騎車上山，一段一段地終於將兩個人的車都騎上山頂。就因為他們的速度不比步行者快，交會而過時，那珠串般的汗水，顆顆都映入我的眼簾。

山頂上的平坦台地竟然有麥田，但是沒有什麼樹，身為農業的大外行，我實在無從想像本地農民怎麼解決灌溉的問題。其他朝聖者或健行客也許也沒有答案吧！

已經是正午時分，眼看步道路線即將下坡，而且是立牌標示十二「趴」的斜度，提醒單車騎士小心的陡峭山坡。再來又將穿行那一望無際、毫無遮蔭的相連麥田好幾公里，我們立刻覺得先吃午餐再下山是個比較明智的做法。

餐後預備上路，就在那十二「趴」的牌子旁，有位獨行的單車騎士正在用手機拍風景，看到我們經過，熱情地用英語問我們是什麼國家的朝聖客。他一聽到台灣

就發出「哇！」的一聲，說自己是義大利人，也要到聖地雅各去，還問可不可以幫菲力跟我拍合照。

收好手機，熱情揮手道別再加上一聲好聽的義大利再見：「Ciao！」不到一瞬間，他就滑衝下山去了，留下兩個謹慎的步行朝聖客。陡坡下完後，緊接而來的是毗連到天際的麥田。步道以幾近筆直的角度切開海洋般的金黃田原，由近而遠綴著幾枚朝聖客的身影。

「哈囉！」有人出聲招呼，原來是相遇過數回的德國朝聖者德克。

「嗨！你好嗎？你的回程機票有沒有改期？」我記得上回他聊過想改機票時間，怕走不到聖地雅各就得回科隆去上班。

「沒有，沒辦法改，我一定要在八月二十一號回去。」

今天的德克看起來不太一樣，兩個膝蓋都戴上了護套，腳下的登山健行鞋也不見了，換成一雙慢跑鞋。

「哦！我寄了一個大包裹回家，五公斤重！裡面就有我的登山鞋。」他指指自己的腳。接著又說慢跑鞋輕鬆多了，但是走路的時候要小心石子。

「¡Hola!」一聲「歐拉」，原來是一位說西班牙語的年輕人。

這個男孩大概是聽到我們的聊天內容，他說自己本來的背包重量是十二公斤，現在是十一公斤，但是還是覺得太重。穿著涼鞋但是套上襪子的他，問德克穿慢跑鞋感覺如何，走這樣的長路舒服嗎？四個朝聖者於是又站在路旁聊起鞋子和腳這些大事。

是的，它們真是朝聖者生活中的大事。以我來說，最近天天有新的水泡產生，兩隻腳掌大概到了下午時段就會突如其來地發出刺痛警報，逼使我停下來，在步道旁放下背包當座椅，脫下鞋襪照顧腳。十天前在藥房買了某大品牌生產的透明貼布，一路走來才發現每家藥房都賣這項產品，可見需求有多大。同時也覺得這護腳貼布實在是朝聖者的一筆重要支出，因為不管大、中、小的尺寸，一盒都只有六片，而售價都是將近七歐元，真是昂貴。

有一回我又被迫停下照顧水泡，菲力在旁同情地陪伴，還得負責講笑話為我紓解心情。

「我覺得這家公司應該像環法單車大賽一樣，每一天派車子跟隨在速度最慢的朝聖客後面。然後，一邊賣貼布，一邊賣冰淇淋。」他幫我遞上撕掉護片的貼布，「前者治腳痛，後者治心情。」

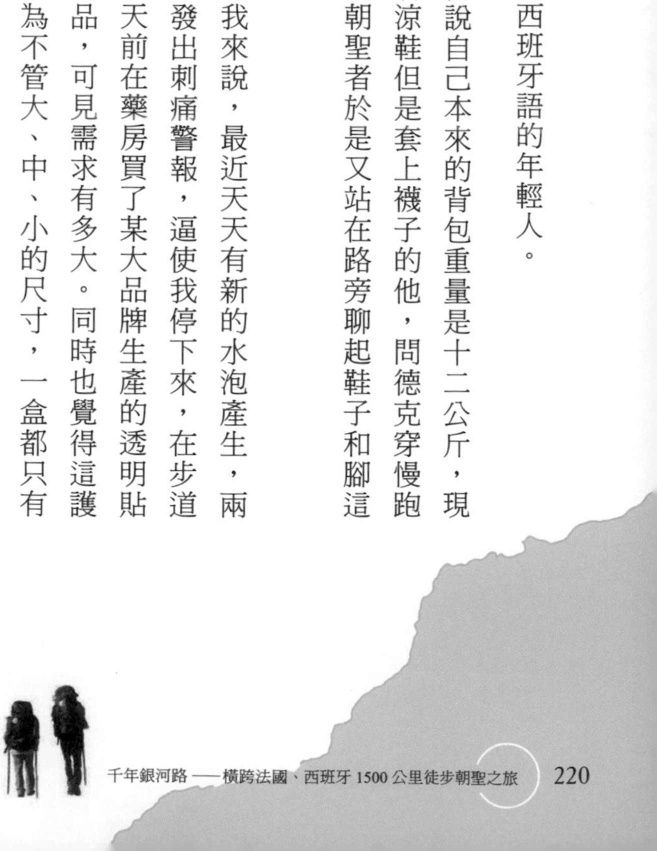

走路或騎單車，都是可以踏上朝聖步道的方式。

一路觀察別的朝聖者，我總是先看他們的腳。

遇見德克的隔天又繼續朝西走。沒多久，後面一位朝聖者超越我們時，特地停下來聊了一下。是昨晚睡在隔壁床位的美國人馬克，明尼蘇達州人。馬克說他會將我們放在心裡，並且幫我們祈禱。揮別後，看著馬克矯健快速前行的身影，我的確相信他剛才說自己一天平均走四十公里的事。

午餐後又走了六點多公里，預備過夜的小城弗洛米斯塔（Frómista）終於在望。公營的朝聖客旅舍在下午一點開門，不一會兒就在大門上掛了客滿字樣的牌子。

在大團體房安頓床位時，睡隔壁上鋪床位的韓國女孩，首要大事就是敷面膜，而我恰好相反，我不保養臉，但是要照顧腳。一邊做一邊想到剛才看到的路牌。

弗洛米斯塔的路牌有什麼特別之處嗎？其實市政府也沒做什麼驚人之舉，他們只是很友善地在第一個指引方向的關鍵路口，立了牌子告訴朝聖客三個重點：聖地雅各、教堂、藥房。

聖地雅各步道、聖馬丁教堂、藥房。

每個國家都有自己的亞美利堅

西班牙・薩阿貢

最近幾天見到的教堂，在入口拱門上方的雕飾中，有時可見到骷髏頭，據說是象徵死亡和永恆。而在弗洛米斯塔更有一座教堂是中間有石雕骷髏頭，兩旁則有小天使臉龐和花朵石雕。

「我不能想像華人寺廟中有類似的作法。」我對菲力表達自己的驚訝。

離開弗洛米斯塔之後的第三晚，我們走到了薩阿貢（Sahagún）遊客中心對面的一家小旅館。恰好剩一個房間？太好了。

聊天時，我們問年輕老闆為什麼在西班牙沒看到什麼露天菜市場？他說有，而且明天週六就是薩阿貢的市場日。那我們真是來得巧，因為逛菜市場是我們旅行時的樂趣之一。要瞭解某個民族的心，可以先通過他們的胃。

就是為了看菜市場，兩人將隔天出發時間延到九點以後。本地人說這裡的市場不像法國那麼早，要等到九點才做生意。

「剛好我們買了晚餐的那家 Katy 也是九點開，這樣又可以再回去買明天的午餐。」我開心地盤算著。

Katy是一家糕餅冰淇淋店，但是也可以買到各種鹹味的酥餅。今天傍晚試過他們的小藍莓乳酪蛋糕，真是濃郁香甜。老闆用法語跟我們聊天時，說他在馬賽生活過，當我讚美他店內的蛋糕甜點好看又美味時，他微笑謝謝之後補了一句：「我們師傅是法國人，從馬賽來的。」

黑夜消隱，白日來臨。比起平常團體房裡四點多開始就有人起床準備的朝聖者生活節奏，我們在薩阿貢溫馨小旅館的早晨真是輕鬆怡人極了。先淋浴再慢慢收拾，還可以到咖啡館吃個早點。

看看手錶，菲力跟我決定去等Katy開門。

Katy所在的街道也是大露天市場的一部分，我們覺得真是一舉兩得。走到店門前，還不到九點，菲力跟我在旁邊的公共長椅上放下大背包休息。時間悄悄消逝，菲力跟我看手錶的次數越來越頻繁，一心想要買了午餐、逛逛市集後就上路的兩人，體溫漸漸跟陽光的熱度同步上升。

終於，終於有了動靜，Katy的店門後方總算有人影晃動。自然反射動作似的，我又看了一下手錶。當然，今天一定會創下我們朝聖之旅中的最晚出發紀錄。一邊開門一邊招呼客人的老闆，不知道是不是看到我瞄手錶時的表情，親切的他帶點瞭解的語氣，開玩笑地說：「您知道，我們是在西班牙，說九點，從來都不會是九點整。」

陽光下，菲力和我走出古蹟林立的薩阿貢，大背包上方口袋裡穩穩放著中午的甜美糕點，我突然想到昨天早上和我們揮手說再見的兩位朝聖客。

他們都是法國人。第一位是Marc，巴黎人。他因為肩部受傷，不能揹背包，所以他使用一種手拉式的小拖車來放行李。已經完成過從樂普依翁韋萊出發的路線，也走過從葡萄牙的里斯本為起點的聖地雅各朝聖路線，今年的他從巴黎的家出發，由春天四月開始走，一直走到八月上旬的現在。

第二位 Jean-Baptiste 則是義大利裔的馬賽人。年紀稍長的他

1 風格素樸，但是依然莊嚴（弗洛米斯塔）。
2 教堂也可以活潑明亮（薩阿貢）。

2

妙語如珠、談笑風生，在民宿晚餐桌上說了一個鞋子的笑話，引得滿堂開懷。

「聽說曾經有早起的朝聖客穿錯鞋，結果先出發的穿到大一點的，所以沒有感覺到什麼異樣；可是後出發的就完全不行了。因此，我現在每晚都將自己的兩隻鞋子用鞋帶綁在一起，然後放進一個綠色的塑膠袋裡，包得好好地才放心睡覺。」

雖說是馬賽人，Jean-Baptiste聊到自己的成長背景卻是充滿國際色彩。出生於北非突尼西亞，家裡說的是義大利故鄉的方言，在學校說法語，而街上呢？耳朵裡聽到的卻是突尼西亞語。而且不僅限於北非和歐洲，為了工作的關係，他也住過中國，去過台灣，覺得台灣人很親切。

「中文有音樂性。」從小就有多語環境的他提出感想。而且在互相交換名字時，他又進一步問我名字的涵義。「我知道華人的名字，每個字都具有一定的意思。」

聊著聊著，Jean-Baptiste 用一個義大利老家的諺語來說明他從小就在不同的國家、文化中生活的心得：「每個國家都有自己的『亞美利堅』。」在一個全世界的人都將前往美國視為致富途徑的時代，「亞美利堅」等同於「財富」一詞。

為什麼我一面走路一面又想到 Jean-Baptiste 說過的話呢？也許是因為我聯想到今天早上 Katy 老闆解釋西班牙人的時間觀所說的話吧！每個國家都有自己的節奏，硬要將我們的習慣放在別人身上是行不通的。

也或許是我的身體在揹負大背包、承受日曬熱度的同時，我又想到 Jean-Baptiste，想到他現在正在什麼地方？他走到哪裡了？年紀比我們大了許多的這位朝聖者，告訴我們說自己患有睡眠時呼吸困難的病症，因此必須帶著一個助呼吸器一起走。

「是有一點重量，」昨天要上路前，他指指自己的機器，「至少好幾公斤呢！」

西班牙．曼西利亞德拉斯穆拉斯

啊！台灣，福爾摩莎

「啊！台灣，福爾摩莎！」老先生一接過我的朝聖手冊，看到國籍欄上的地名後，立刻輕呼一聲，隨即投給我一個大大的微笑。

此刻正站在曼西利亞德拉斯穆拉斯（Mansilla de las Mulas）公營朝聖旅舍報到處的我，聽到這樣一句熱情的歡迎招呼，頓時兩肩放鬆、心頭舒緩。直覺告訴我：今晚下榻的地點應該是選對了，我那腫痛的雙腳終於可以好好休息。

其實，這是個疲累的一天。雖然路線長度只有十八點九公里，但是炎熱的氣候加上一直不肯消退的水泡，中午吃那千篇一律的西班牙馬鈴薯蛋餅加乾麵包，下午沿途都有聒噪不休的西班牙本國朝聖客在我們的前前後後，怎麼樣都擺脫不了。當我又一次在路邊停下照顧腳時，盯著右腳小趾頭那搖搖欲墜的指甲片，心裡突地萌發一個念頭：「我為什麼在這裡？我不想走了！」

第三年的朝聖之旅，已經進入第二十五天，前兩年的法國部分並不像今年這樣，我的腳似乎從沒受過這麼多折磨。是不是柏油路面較多的緣故？或者我應該像別人一樣換掉健行登山鞋？為什麼今年平地較多的路線反而比高山健行更累？這麼多疑惑日日盤旋心頭，但是卻阻擋不了天天腳痛的事實。何苦來哉？我知道自己前年在樂普依翁韋萊出發時並未抱持任何宗教情懷，那麼，我為什麼要堅持走下去？

一邊想一邊再把襪子、鞋子穿好。要放棄，至少要走到有車站的城鎮再放棄，要不然怎麼回家呢？默默地又繼續邁步。

接過老先生還給我的護照，記住自己的團體房床位號碼，菲力跟我終於可以安頓下來。公營旅舍裡有個可親的中庭，我一走進就看到四周每面牆上都掛滿了鮮花盆栽，粉紅、大紅的天竺葵是主調，還有不少常春藤。在公用廚房裡，各國朝聖者說著不同的語言，氣氛歡樂，菜香撲鼻。稍後菲力跟我去採買食物時，決定今晚要吃水果大餐，加一點麵包配優格，在中庭看著那些美美的花吃晚餐。

露天中庭裡安置了許多桌椅，一桌一桌的，有人吃飯，有人聊天，也有人安靜地看書。有一桌的年輕人為某個友伴慶生，在生日快樂歌的喧鬧聲中，被劇烈搖晃的香檳發出「砰！」的一響，那瓶塞噴得好高。

剛才洗澡時，發現右腳小趾的指甲終於掉了。做好清潔護理的動作之後，我也驚訝一向怕痛的自己似乎比想像中平靜。

咦？那香檳瓶塞噴到哪裡去了？眾人都在轉頭四望尋覓著。

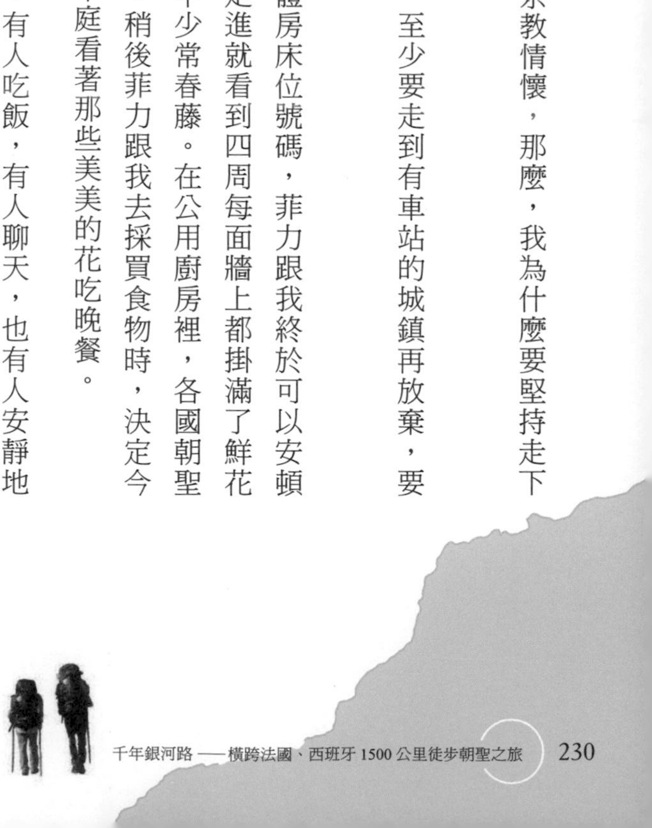

路過的朝聖者啊！牆上的扇貝說往這兒走。

是呀！今天對我來說也是特別的一天，因為我年齡的十位數，今天也換一個數字。

多麼大的一步。雖然菲力跟我早就選擇不互相慶生，而是以低調的方式一起度過彼此的生日。我想，也許還是可以拍拍自己的腳，默默告訴自己：「生日快樂！要加油哦！」

一個菜籃走天下

朝聖客各式各樣，我看別人，別人看我，彼此都會在心裡各自評量，或者不是評量，只是留下驚鴻一瞥的印象。在我們最近遇見的朝聖客中，有一位確實在我腦海裡特別鮮明。

第一面的印象是在那個有人開香檳慶生的朝聖旅舍中庭，她一個人坐在椅上，安靜地微笑，似乎也沒見到她跟誰聊天。第二次見到她是隔天的路上，顯然比我們早起又早出發的她，小小的背影慢慢地走。當菲力跟我走近她時，看清楚她的模樣和裝備後，我們都不敢相信自己的眼睛。

頭戴一頂紅帽子，身穿一件紅外套，搭配一條黑色長褲，腳下是毫不含糊的健行登山鞋，手上也有兩根登山手杖，可是用單手拿著，持而不用。滿頭白髮的她，模樣上跟一般精神矍鑠的登山健行長者沒什麼兩樣，可是，她身上沒有背包。這位老奶奶她……她……她拉一台菜籃車！

是真的，老人家當真一手拿登山手杖，一手拉著街頭常見、買菜用的小拉車，一步一步走在聖地雅各朝聖步道上。

「我突然覺得自己很遜！」我歪過頭來對菲力說。

在超越老人家時，兩人一齊對老太太說了聲：「歐拉！」她對著我們微笑了一下表示回應。在從沒聽過她開口的情況下，其實我們並不知道她是哪國人，只好用西班牙語問候。不過，話說回來，拉著菜籃車的她如果不是本國的老太太，那意味著她是從更遠的國家來的？喔啦啦！我再也不敢說自己腳痛了。

不好意思，我的腳還是疼痛到讓我必須停下護理一番。而就在我脫掉鞋襪，擦藥放貼布之際，便看到老太太從後面緩緩走來，一步一步，不疾也不徐，慢慢經過我們面前，然後又超越我們繼續前進。

走得比白髮長者慢，聽來教人有點慚愧，可是今天一整天都被腳痛擾動心緒的我，實在是無力逞強。整個下午我停下數回來照顧雙腳，因此竟然就一直沒追上這位拉菜籃朝聖的阿嬤。直到走進今晚預備過夜的大城，在抵達老城前的公路旁，遠遠地，我們又看到她那戴著紅帽的身影，正坐在公共長椅上休息。一個人安靜地喝了水，收好瓶子，然後起身，又繼續前行，漸漸地離開我們的視線範圍。

在進入老城的市中心前，有一個專門協助朝聖客的社團在一座大橋前擺了攤位，親切地招呼眾人，我們也排隊拿到了市區地圖和基本資訊。

「咦？奇怪，我們是最後到的嗎？」在跨上大橋走了幾步後，我無意間回頭看到剛才為我們服務的義工正在收拾攤位，準備離開。

「會不會是那個阿嬤？也許是她告訴這些義工，待會兒看到我們這兩個很好認的朝聖客，就表示不用再等了，今天該到的都到啦！」

西班牙・雷昂

走進一座名城

跟隨在菜籃阿嬤的腳步之後，菲力跟我終於也用雙腳走進了雷昂（León）。又一個聖地雅各朝聖路線上的名城，建城歷史超過一千年，古羅馬人所建的城牆遺址至今可見。

入了古城，找到預先想住的旅館。吸引人的原因是它既出現在市區地圖上，又被列入我們手上的朝聖專用吃住指南裡，地理位置絕佳，外表古色典雅，三星級但是雙人房價格似乎涵蓋區間頗大，也許幸運的話，有便宜一點的房間可住。

「啊？雙人房全部客滿？只剩單人房？」在櫃檯詢問之後，得到以上訊息，原本希冀可以早點讓雙腳休息的我頗為失望。沒想到兩位服務人員盯著電腦螢幕一會兒以後，告訴我們：「如果你們願意，可以住單人房。」

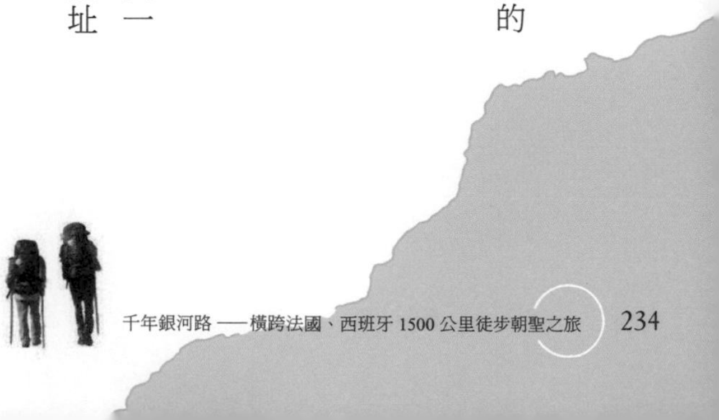

聖母大教堂（雷昂）

眾生疾苦，黑暗人間，幸好有撫慰人心的天使帶來光明的消息。

菲力看看我，我點頭。房間小沒問題，只要能讓我馬上洗澡休息就好。

房號三〇五，是一間頂樓小房間，看得到屋頂的橫梁結構，一扇天窗是唯一的光線來源。還是開心地淋浴，出門吃晚餐，然後上床睡覺。

料想不到的是，不到午夜我們居然就墜入「噩夢」中。「啪！」一聲開燈，啊！全身發癢，上天，這房間有臭蟲，三星級的臭蟲！心情低落地拿出防臭蟲的噴液，嘶嘶嘶地噴在床墊四周。戴上眼鏡，掀開床單，一寸一寸地尋覓蟲跡。

整個晚上我們就如此重複以上這些動作，亮燈、噴藥、抓蟲、抓癢、擦藥、熄燈，過了不知多久，又得開燈再做一次。臭蟲肆虐無阻，顯然是微小的牠們得勝，我們驅趕不了這些惹人厭惱的小生物，倒是聞了一夜的除蟲液。我們所買的雖然號稱是環保產品，但是仍然有點刺鼻。

就在這整晚的人蟲大戰進行時刻，旅館外也不安寧。我們原先以為靠近古蹟精華區的優點，在夜裡卻變成大缺點，因為街上的酒吧、餐廳一直是人潮不退，所以我們也必須忍受這些觀光熱門街區的喧嘩吵鬧。而且越晚越接近某些類型的電影配音：醉酒鬧事的男女、各種語言混揉成的聲浪、尖叫、玻璃瓶被敲碎，接著，拖動重物的摩擦聲。

雖然是關上窗戶、開了冷氣，但是，在被臭蟲攻擊之後，菲力跟我都無法好好地再入睡。昏昏沉沉中，窗外的雜吵音波再怎麼樣都能從窗縫鑽進來。

一夜的折騰，兩人疲憊地跨入新的一天。這家三星級旅館當然是不敢再住了，但是難道就這樣離開這歷史古城？那宏偉精美的聖瑪利亞大教堂，建成近千年的 San Isidoro 教堂，還有那雕飾富麗的建築傑作，曾經是古代修女院的 San Marcos ？當然不成，走，我們再去找新的住處。

Albergue Juvenil Miguel de Unamuño，平時是大學生宿舍，暑假時就成了朝聖客

可住的青年旅舍。外表看來不起眼的建築，但是裡面照顧得很乾淨，兩人共付三十歐元的房間，浴廁皆有。呼！我的腳欣喜地踩在潔淨的地板上，十根趾頭都雀躍地想：真高興可以多休息一天。

有了可以放心睡覺的地方之後，人的心神才能安頓下來，眼睛也才看得到美，雷昂的香氣這時終於一絲一縷地飄進我的鼻孔，烙印在我腦中的記憶區裡。儘管雙腳，尤其是右腳大拇指疼得我又去藥房買藥膏、紗布，在婉拒了藥師吃止痛藥的建議後，還是能心情平靜地和菲力商量是否再多停留一個晚上。

決定了以後，回去旅舍詢問是否今晚還有空房。有，只是要換房間而已。這當然不是問題，兩人整理好背包之後，領了新房間的門卡。位於一樓的位置，就在中庭小花園的旁邊，一推開窗，啊！就看到它了。

一棵老梨樹。枝椏蜷曲遒勁，結實累累，只有一個成年人伸長手臂的高度，它將整個小花園的中心，覆蔭成一處恬美、清涼的休憩地。

的確，在一座名聲響亮如雷昂的古城，停留了三天的菲力跟我，當然將那些必訪的功課都做完了。可是，在我的筆記本裡，卻特別寫下了一棵樹，因為它，我們在雷昂的最後一天將永遠被記得。

就像無意中在人群裡望見一張美麗的臉龐，那美可以超越性別、文化、語言等等限制。在我推窗的那一刻，我心裡竟也響起這樣的聲音：「啊！原來上天讓我在雷昂多留一天，就是為了遇見妳！」

抱著小耶穌的聖母，對我來說，有著和媽祖一樣的慈祥。

西班牙・維拉爾德馬扎里夫

神的光

離開雷昂的清晨，氣溫低到讓人彷彿身處法國北方的春、秋時節，真不像西班牙啊！菲力跟我顫抖地說著。不過，等到陽光出現並且看到自己的影子逐漸縮短的時刻，西班牙又畢竟是西班牙了。

晚上過夜的村子名為維拉爾德馬扎里夫（Villar de Mazarife）。在並未預定住處的情況下，我們在村裡的三個選擇中，挑選了一家朝聖客棧，只因為在經過時覺得這家的花園美極了，而且這裡提供的晚餐是素食的，也令人好奇。

用餐時刻終於來臨，一屋子的朝聖客男女老少都有，氣氛熱烈活潑又融洽友善。在開動之前，有位來自魁北克的老先生帶動大家唱了一首法文的感謝聖歌，讓眾人更快地跨越了語言的藩籬，放下面對陌生人的矜持。

上菜了，首先是涼拌沙拉和番茄涼湯，再來是主菜，素食版的西班牙海鮮飯，最後以煎餅—可麗餅當作是結尾甜點。菲力和我吃得很開心，坐在我們對面的義大利五口家庭也是，哦，不，除了三個女孩中的一位，因為她不愛吃蔬菜，偏偏遇上素食大餐，結果是那位十分親切用法文跟我們聊天的爸爸替她清光盤子。

隔天早餐時間，坐的位子不同，身旁的朝聖者也換了人，一對法國中年夫妻和我

們聊了起來。

「您是台灣人？啊，我對氣功很有興趣。」其中的先生這麼說。由氣功開始之後，他又提到自己也看了關於道家思想的書，是不是道家和氣功有密切的關係呢？

我一邊塗奶油、抹果醬，一邊小心地選擇恰當的詞彙，若是遇上太艱深的中文詞彙要法譯時，只好向菲力求救。沒想到這位法國男士是真有興趣，富求知慾的人，他問了一個我無法回答的問題：道家在養氣和呼吸法的相關理論上，有沒有什麼書可以看？有法文譯本的？我臉紅心虛地搖頭說自己不知道，但也許可以查一查。

「太好了，我留自己的電郵地址給您。」他高興地拿出紙筆來。

另一位早餐桌上的友伴則是一位馬來西亞女孩。身為華裔但是不太會說中文的她，目前正在比利時布魯塞爾的大學念書，也正在學習中文。留著短髮，皮膚曬成深古銅色，女孩正獨自走著朝聖之路。

「前面比較平坦的部分，我租了單車，現在進入丘陵山區了，我改用走的。」女孩用法文向我們解釋。因為已經訂好回布魯塞爾的機票了，所以她給自己訂下了嚴格的進度表，每天走三十到四十公里。

「結果，我的腳就痛了起來。」她咧嘴一笑。

難怪我們昨天看到她在花園裡接受女主人提供的足部按摩護理，而這也是在朝聖路線上的特色，偶爾有些客舍會提供這樣的服務。昨天傍晚我在沐浴之後也第一次嘗試這種護理，有趣的是，這家朝聖客棧的女主人，她不但幫客人按摩照護腳，甚至還將足部的疼痛連接到心理層面。

「我們雙腳的大拇指和小指可以連接到自己與爸爸媽媽的關係，」她一面幫我按摩腳一面解釋，「父母太嚴格，孩子被壓抑、否定的情緒就是大小趾受傷的原因。」

當我聽到這裡時，不知為何，突然心底一股哀傷浮現，喉頭一緊，鼻腔一酸，眼淚就崩堤般地流，遮也遮不住。這是哪來的情緒呀？就因為聽到爸爸媽媽這兩個詞彙便哭成這樣。菲力在旁有點錯愕，不知道該說或該做些什麼，客棧女主人則輕輕地擁著我的肩頭，好像我並不是第一個在她面前哭泣的朝聖客。

當下執筆的我，離那場痛哭已經有好些時日了，可是仍然理不清那時心頭到底積累了些什麼。

無論如何，我都想記下那位讓我湧出淚珠的女子，她在替我照顧好一雙走了長路的腳之後，告訴我她的名字是 Núria，意思是「神的光」。

西班牙・奧爾比戈醫院、阿斯托加、穆利亞斯德里奇瓦爾多

西西里念珠和東京男孩

清晨上路，冷冽的空氣中隱約透露著一絲季節的氣息。今天是陽曆八月十五日，按節氣來算，應該是什麼呢？秋分還得等上一個多月，可是身處西班牙北方的我們卻已經感受得到一股秋涼侵膚的力道。

「砰！砰砰！」啊？兩人頓時止步，不敢再動，緊接著又是幾聲槍響。

是打獵季節開始了。看來，西班牙人開放打獵的時間比法國人早，今天才八月十五號啊！在法國至少要等到八月下旬或者九月才輪區開放。

不可能讓你迷路

「也許他們今天的目標是韓國人，妳要說妳是台灣人。」菲力歪過頭來開玩笑。

「對對對！我應該在手杖上綁條手帕，舉得高高地以策安全。」

「歐拉！」突然後面有人出聲打招呼。

兩人一齊轉頭回應。是一位有學生氣質的男孩，笑容親切。聊起來後，他自我介紹說自己來自西西里，目前正在比薩念研究所。學過兩年法文的他，曾經去過法國南部自助旅行，非常喜歡當地的風土人情。

「你的法文說得真好！」菲力由衷地讚美，並且承認自己很慚愧，因為他一點都不會說義大利文。這一路走來，每位我們遇到的義大利朝聖者都或多或少會說一點法文。男孩開懷地笑了起來。在跟我們互相交換名字時，他說自己叫 Rosario，意思是「念珠」，邊解釋邊拿起手上的小念珠串給我們看。

遇見念珠的這天晚上，我們抵達了一個以長橋出名的小城，奧爾比戈醫院（Hospital de Orbigo）。傳說那座橫跨在奧爾維戈河（Orbigo）上，長度達兩百〇四公尺的古橋，曾經在一四三四年舉行過歷時一個月的馬上比武，其中的英雄人物就是西班牙小說家塞凡提斯塑造其名著「唐吉訶德」的靈感來源。漂亮的古蹟、引人的傳奇、和善的客舍老闆，所有讓人開心的人事物都匯聚了。偏偏在安頓床位時，讓一隻極微小的生物打亂了心思。

「臭蟲！」菲力在打開自己的睡袋內套時，赫然看到一隻小蟲跑出，兩人同時嚇呆了。什麼？這一路上的謹慎防護又泡湯了？啊！幸好我們選擇了雙人房，否則兩個人像瘋子般一寸一寸、一公分一公分捏著所有行李檢查的模樣，一定會把團

體房的室友嚇跑。

「你們要用攝氏七十度洗衣服？這會傷害衣服哦！」客舍老闆在替我們解說洗衣機用法時，好心地提醒。不好意思說出我們的真正目的是為了驅殺臭蟲，菲力跟我只能微笑堅持。

這是一家會請客人在大留言本或畫紙上畫畫的朝聖客舍，我看到有日本人用毛筆字寫「一期一會」，也有韓國人畫水墨蘭花。知道自己書畫都不行，我只敢用中文寫幾句話。讓人感動的是，隔天清晨上路前，男主人和我們一一握手道別，這是第一次有客舍主人這麼做。他並且用西班牙語配上手勢告訴我們：「朝聖步道就像人生，祝你們一路平安，祝你們有美好的人生。」

晚上在具有兩千年建城歷史的阿斯托加（Astorga）過夜。自古即為兩條羅馬帝國大道終點站的它，擁有外表風格華麗的巴洛克式大教堂，市政府鐘樓上的人偶音樂鐘更是吸引了大量人潮。

我們入住的朝聖客舍位於老城區，女主人乍看之下也頗友善，只不過後來發現浴室的水不是太冷就是太燙，淋浴間頻頻傳出尖叫聲。

隔天大清早在廚房自備早餐時更是有趣，人人都在摸找電燈開關，不懂為什麼一片漆黑。答案是女主人切斷電源，限定每天只能於下午一點到晚上九點使用廚房。

1 具有兩千年的建城歷史，阿斯托加大教堂的巴洛克式外觀恰恰呼應了這樣富足的背景。

2 夕陽下，任誰都無法不注視這金黃的光。

3 微笑的綿羊？還是獅子？我跟菲力猜了半天，還是沒有結論，沒關係，至少我們都看到了工匠的幽默。

為了看得到食物，我們只好回房間去拿手電筒，有個男孩則戴上了登山用的探照頭燈。

在揮別阿斯托加後的第一個小村子穆利亞斯德里奇瓦爾多（Murias de Rechivaldo），驚喜出現。有一家小小咖啡館，居然是採用有機食材，而且強調「沒有無線上網」！笑容甜美、手藝絕佳的老闆娘，在為一位年輕的朝聖客送上蛋糕時，對著一屋子的客人說：「偶爾不上網，很舒服啊！」這對身上根本沒有手機的菲力跟我來說，當然不是問題。兩人點了淋上蜂蜜的煎麵包，加上牛奶咖啡，享受了一段輕鬆的休息時間。

「嗨！又遇見了，你好嗎？」旁邊桌子的金髮青年用英語向一個剛推門進來的男孩打招呼。

「喔，是你。」這位有著東亞面容特徵的男孩看到相遇過的朝聖友伴，露出了微笑。其實我並不想聆聽鄰桌聊天內容，這不禮貌也沒必要，但是咖啡館這麼小，想不聽都不行。那位東亞男孩向朋友說自己在投宿的地方被偷了，全部的現金都遭竊。他的朋友一聽，連連表示遺憾。東亞男孩接著又說在同一家客舍裡也有另外幾個人被偷，他猜竊案是在自己淋浴時發生的，因為錢包被留在房間裡。話一說完，臉色也黯了下來。

菲力當然也無可避免地聽到了所有的內容，他望向我，兩人無聲地交換了眼神。這些年來，我們旅遊時，一人洗澡，另一人就照顧證件財物。偶爾遇上男女分開的團體房，我們就各自將貼身錢包和證件用塑膠袋包好，帶進浴室裡去洗澡，絕對不會將它們留在房間背包裡，無人看顧。

過了一會兒，東亞男孩的金髮朋友起身告辭，繼續旅程。我用眼角餘光望了一下男孩，約莫二十歲出頭的年輕人，氣質神色就像我以前在台灣的學生們。從他剛才的敘述中，知道他是日本人。

「すみません！」我用自己知道的極少數日語向他打招呼。

男孩突然聽到自己的母語，微微愣了一下，隨即用自身的文化習慣向我頷首微笑，開始說日語。

「對不起，我不是日本人。」我趕緊用英語回應。接著說剛才聽到了他遭逢的事，不知道他需不需要幫忙。

我當然知道現代人出國旅行一定都備有信用卡、提款卡，或者在手機裡也有各種付款功能。可是在異國被偷，再怎麼樣都會製造困擾，我這麼問，他應該不會覺得太唐突吧？我看看菲力，為了尋求一點支持。一向謹慎的菲力沒有說什麼，不過對於老婆這樣違反常俗的舉動顯然持保留態度，要不是對方是日本年輕人，或

者假設是台灣男孩，他大概會出聲介入。

「啊，謝謝妳！幸好我的信用卡沒被偷，可以繼續旅行。」男孩說道。

「OK！」我望著他的眼睛傳達了鼓勵的心意。

頓了一下，男孩說自己是從東京來的，問菲力跟我是什麼國家的人。

「法國。」「台灣。」

「啊，真的？」男孩望著我，「我奶奶是台灣人。」

三個人都笑了起來，這麼巧。

「你去過台灣嗎？」菲力問了一句。

「沒有。」邊回答邊用眼神拋出一絲絲複雜的心緒。

喝完咖啡的男孩要上路了，道別時我真的像個阿嬤似地叮嚀他一切要多小心，惹得坐在旁邊的菲力笑著搖搖頭。

是啊！前天遇見了來自西西里的念珠，今天則是逢上有台灣阿嬤的東京男孩，不同的膚色、髮色、眼珠顏色，相同的是那一雙清澈的、想要探索世界的眼神，我喜歡看這樣乾淨的眼神。

「不要把每個遇到的年輕人都看成是自己的學生！」菲力拍拍我的肩頭提醒。

五百萬步

西班牙・拉巴納

天光濛濛，拉巴納（Rabanal del Camino）像是半睡半醒中的迷夢國度，整個村子悄靜寧謐。除了三兩個早起的朝聖者，還有一位女士正在屋前台階餵貓之外，主要也是唯一的長街上，沒有人語聲，屋內有亮燈的都是接待朝聖客的民宿客舍。

拉巴納，這個在十二世紀就被記述在古代朝聖著作的小村落，有誰想像得到在二十世紀八〇年代時幾乎成為空村，瀕臨被放棄的境地。若不是後來又興起朝聖熱潮，進而有英國的民間團體來此開建接待朝聖客的旅舍，村子可能就無法恢復生機，擁有今天的人氣。

一出村就是山徑。從昨天開始，我們正緩緩地爬升，由海拔八百多公尺邁向一千五百多公尺之後再下降。只是和阿爾卑斯山或庇里牛斯山健行不同的是，這裡的山勢起伏非常柔緩，讓人幾乎感覺不到有爬山的意味。

「歐拉！哈囉！」雖說不陡，路旁有長椅可供歇腿還是很珍貴，我們向早先到達的一位先生打招呼。

「哈囉！」和善的他挪挪身子，讓我們也能坐下來。在微笑之後，他很自然地介紹自己名叫安迪，來自匈牙利，而且是從首都布達佩斯開始走的。

「啊？我們今年也遇見過一個男孩，背包上就寫著布達佩斯、聖地雅各、二〇一四年。」

「是，是，是，他叫彼得。今年我們一共是三個朋友，都是從布達佩斯出發，而且彼得早就到達聖地雅各了。」安迪一說完，菲力跟我都笑了起來。沒錯，看過彼得的人就知道他的速度有多快。

「不過，彼得到了以後卻不想停下來，他想繼續走路，結果，」安迪自己也笑了，「他決定繼續走到里斯本去！」

「你們看！」安迪指指自己背包上的布徽章，「我從五月一日出發，到今天八月十八日，已經穿過五個國家，每次走過一個國家，我就縫一面國旗。」

「Bravo！」我忍不住出聲讚美。天曉得，每次被水泡折騰得太厲害時，我都會萌發放棄的念頭。

「小心朝聖者」

「哈哈哈！我做了一個統計，以自己的步伐長度來算，目前我已經走了五百萬步了！」安迪口中的英語數字飄進耳裡，教人肅然起敬。

「很有趣，我們從來沒想過要計算自己走了多少步。」再度上路後，菲力轉過頭來說。「而且，妳走的步數一定比我多，多得多。」

「沒辦法，腿短就要多努力。」我邊說邊低下頭來看自己的步伐。

我的一步平均有多長呢？假設是七十公分，那麼走完一千五百二十二公里的朝聖步道，我得跨出多少步伐呢？

西班牙・鐵十字架山、曼哈林、艾亞西波

什麼都不對的時候

鐵十字架山（Cruz de Ferro），聖地雅各朝聖步道上的有名景觀，在山道旁的一座立於木柱上的十字架，上頭掛滿各種東西，全是經過的朝聖者留下的私人物品，想像得到及想像不到的都有。

「好多的祈求和心情啊！」看著這些被釘掛或繫綁或塞入縫隙的種種，我不禁在心裡嘆了一句。

「我們也放一塊小石頭吧？」出聲建議之後，我放下大背包去找石子。

在十字架的周圍聚滿了已經匯成大圓堆狀的石頭，數量多到讓十字架彷彿矗立在小山丘上。這是千百年來無數朝聖客所留下的集成痕跡，在時光之流裡所留下的拓印。在離去之前，我們也輕輕地放下一塊小石子，當作是對於有幸與眾人交會的感謝。

又走了半個多小時後，抵達另一處也成為朝聖步道上特殊景觀的地方。在曼哈林（Manjarín）這個已經呈現休眠狀態的村子，唯一沒傾頹的房子就是那家被指南稱為非常「中古」的朝聖客舍，Refugio de los Templarios。沒熱水、沒浴室，但是可以過夜也可以吃晚、早餐，純路過者還可以喝杯咖啡的地方。無收費標準，由上門的朝聖客自己決定金額。

走到傍晚時分，我們決定在艾亞西波（El Acebo）村過夜。菲力建議去那家有團體房，又可吃飯、洗衣服、買食物的新開朝聖旅舍看看，我點頭同意。

無固定收費標準，全憑朝聖者自己決定的「中古」朝聖客舍：Refugio de los Templarios（曼哈林）。

「咦？你看，左邊這家民宿好漂亮！」一向喜歡在前進時左觀右賞的我，喊住走在前頭的菲力。他轉身回來，看看民宿名字後說是指南上有列出，那家特別強調提供有機素食的民宿。

我站住不動。

「妳想住這裡？」菲力感覺到我的心意，臉上出現猶豫的神色。見我點頭，他停頓了幾秒之後，「好吧！妳去問問看有沒有位子。」

走到民宿門口，按鈴之

後主人出現，微笑說還有一個房間。欣喜地回到菲力身邊報告消息，他終於放棄原先的目標，隨著我走進民宿的小院子。

打過招呼，例行的介紹環境種種之後，主人下樓，房間裡只剩下兩個滿頭大汗的朝聖者。

「你不太高興？」見菲力一聲不吭，我心裡已經猜到幾分。

「對！我覺得這個人假假的。」菲力對人的敏感直覺系統又啟動了。

歡迎取用，費用隨喜。

「唉！」站在一窗美景和舒適的大床之間，渾身汗黏只想沖澡的我，無奈地長嘆。

「尤其他一直問我們要不要吃晚餐，我說不之後，他過一會兒又問一次！」菲力越說越氣憤，開始後悔沒去看那家有團體房的旅舍，又說那裡應該會比較自由。

「這家民宿讓你不自由？」我的音調也開始提高。

菲力哼了一聲，坐在椅子上不說話，時而抬眼看房間四周，像隻被囚禁的獸。連窗外的美妙山景都沒能讓他放鬆，勉強去洗了澡之後，才跟我一起出門去吃晚餐。餐後回到民宿，進門之後看到幾位民宿客人圍坐一起，主人正在送晚餐上桌。一看見我們，他開口問我們希望的早餐時間，待菲力說出之後，卻又說太早了。

「沒關係，我們不吃。」菲力立即反應。

「好，那我為你們準備一些水果，這樣可以帶走在路上吃。」主人一臉和善的笑意，邊說邊為其他客人服務。轉過身來，再加上一句：「要注意哦！你們明早必須走八公里之後，才有地方吃東西。」

上樓進了房，果然如我所料，菲力對於主人的言語、態度都覺得討厭，生了一肚子的悶氣之後，整晚都睡不好，提議來住這家民宿的我當然也不舒服。花了數十歐元，只換來一夜沉悶的氣氛。

隔天清晨，梳洗之後預備出發，輕手輕腳地下樓怕吵到別人。在出門前，我特意望了一下餐桌，昨晚主人說他會把要送我們的水果放在桌上。

上路吧！兩人都不說什麼，維持了好長一段時間的沉默。第一個村子到了，一片

靜寂，沒有任何咖啡館開門。心情低落之餘，居然又失神錯過步道該左轉的地方，兩人走到了公路上才驚覺看不到步道指標。

趕緊比照指南地圖尋求補救之道。最後決定不要回頭找路，而是繼續往前，在下一個有早餐可吃的地方就可以再遇上步道了。走了快兩公里的公路路肩以後，啊！終於看到那家，據指南說，自八點開始供應早餐的餐館酒吧。

什麼？又沒開？而且門口也沒有貼營業時間。

沉默更深了。忍著飢餓，兩人在一共走了快十公里之後，才抵達一個有餐館、咖啡館的小城。進入老城前，兩人在公園長椅上歇歇腿。菲力臉上的線條仍然有點僵硬，我猜自己也是。

「你的感覺是對的，那個民宿老闆假假的，」我先打破沉默，「他昨天當著大家的面說要送我們一些水果，結果今天早上什麼都沒有！」

「有的話，我也不會拿！」菲力瞪著眼睛說道。

「我也不會拿，可是他故意說給大家聽，這很討厭！」我望了一下身邊的菲力。

冰塊開始融解，菲力終於願意承認自己昨天的心緒低落，原本一心想去看那家功能齊全的朝聖旅舍，偏偏花錢住了貴一點的民宿後又惹來一肚子氣。我也軟化一些了，承認自己心懷歉意卻不肯認輸，結果就是背負了一夜加一早上的負面情緒，真不值得。

陽光和暖，長椅前不遠處是流經小城的河流，微風輕拂水面，漣漪陣陣。

「怎麼樣？你的肚子願意吃點東西了嗎？」我碰碰菲力的臂膀。相處這麼多年了，我知道他如果不輕鬆，連民生基本需求都無法如常。菲力點點頭。兩人終於進了一家咖啡館。

坐下點餐後，突然想到昨天早上的鐵十字架山，十字架木柱上的相片、卡片、念珠，還有各式各樣的紀念物。也想到，我們在十字架旁邊放了一塊小石子。略微疲累的我，看看同樣顯露倦態的菲力。此時此刻，對於昨天自己隨俗地撿了石頭、放下石頭的動作，有了另一層的體會。

也許，那是一種提醒。提醒每位經過的朝聖者，看看十字架上那麼多情感的呈現，反思當下自己陷溺其中的心緒困境，可能，出口是有的，而且並不遙遠。

花楸和月亮

西班牙・蓬費拉達、卡卡貝洛斯、皮埃洛斯

遠遠地就看到一座巍峨的城堡，石牆厚實，圓塔高聳，一個一個的雉堞後，彷彿還藏有備戰的弓箭手。

當然八百多年前為了保護朝聖客而修築的堡壘，如今已不復見肩負此使命的聖殿騎士團騎士。身為一位二十一世紀的朝聖客，我已經不需要聖殿騎士策馬來拯救，我只要能忍受焦熱的天氣，好好地跨入城門即可。看！我們終於進入這富含歷史氛圍又糅雜了一絲童話氣味的城，蓬費拉達（Ponferrada）。

晚上在由教會主持的Albergue paroissiale San Nicolás de Flue過夜，環境和善，人氣旺盛，很有夏令營的氣氛。隔天清晨上路前，先去找了一家酒吧咖啡館吃早餐。在好喝的鮮奶咖啡和可頌麵包的支持下，元氣飽滿地邁出步伐。

下午到達卡卡貝洛斯（Cacabelos），因為這裡有家公營的朝聖客舍，菲力跟我決定去看看。在穿越整個小城又過了一座橋之後，終於看到設立於教堂後面圍牆內的客舍。

「這個就是他們所謂的box？」兩人杵立在呈大圓弧狀排列的「房間」前，低聲

1 氣氛和善的 Albergue paroissiale San Nicolás de Flue（蓬費拉達）。
2 帶著家鳥一起朝聖的夫妻，在接待中心引起眾人的好奇（蓬費拉達）。

互問。指南上已經明白介紹，這裡可容七十人住宿，全部睡在這種兩人一間的box，盒子房間裡。

「好像沒有窗戶哦？」我的第二個反應。菲力咬著下唇，凝視一陣之後，輕輕地點頭，「恐怕。」

管理人員已經來詢問過兩次了，我們猶豫再三後，還是無法說服自己去睡在那教人害怕的「盒子」裡，決定忍著疲憊繼續前進。

「看！下一個小村皮埃洛斯（Pieros），有家旅舍可以過夜，而且照地圖看起來不遠，不到兩公里。」菲力指著書上的住宿資料給我看。拿出最後的決心和力氣，兩人奮力走著，沒想到卻迷路了。

「奇怪，怎麼這條小路一直往山上走？村子明明在那兒啊！」兩人又累又迷惑，在無路可循的情況下，終於想出一計：自己找路！

「就是這樣，我們面向山下的村子，直直往前往下走，總可以走到吧？」

果真成功，雖然路徑有點坎坷，但是我們終於進了小村，找到唯一可住宿的地方，El Serbal y la Luna。

「你們的章好美！」看著朝聖手冊框欄裡新蓋上的朝聖章，我忍不住對主人說出讚美。再請教客舍的名稱源由，主人解釋說是自己兩個孩子的名字合在一起。serbal 是花楸，luna 就是月亮。原來那兩個在屋子前跑來跑去的小孩就叫花楸和月亮，花楸是姊姊，月亮是弟弟。

帶我們進團體房又介紹環境種種的，是兩位在此打工的年輕人，女孩是來自法國的瑪麗，男孩則是英國的葛瑞特。還有一位女士，原來是瑪麗的媽媽，專程來這裡探望女兒。

小團體房非常乾淨，床單、枕頭套的布料花色清麗，教人喜愛。床雖然是雙層式的，但是睡下鋪者有足以坐直的空間，毫無拘礙。

「我真喜歡這點子！」一向睡上鋪的我，第一次看到木床的小梯子竟然保有原來的樹皮。是哪位木匠的巧思呀？既止滑又好看。

洗好衣服後，菲力跟我一起去晾曬，看到瑪麗的媽媽正在幫忙收客舍的床單。在都說法語的情況下，三人聊得很開心。住在不列塔尼地區的她，真可以說是千里探女，幾乎是穿越大半個法國和西班牙才來到這裡。菲力跟我很自然地也提到自己住在法國北方，今年是我們朝聖之旅的第三年等等。

「媽媽，」瑪麗走來，「妳要不要吃今天的晚餐？」原來是要計算客舍晚餐的人數。「啊，不用了，妳幫我煮點麵就好了。」瑪麗點點頭，又走了。

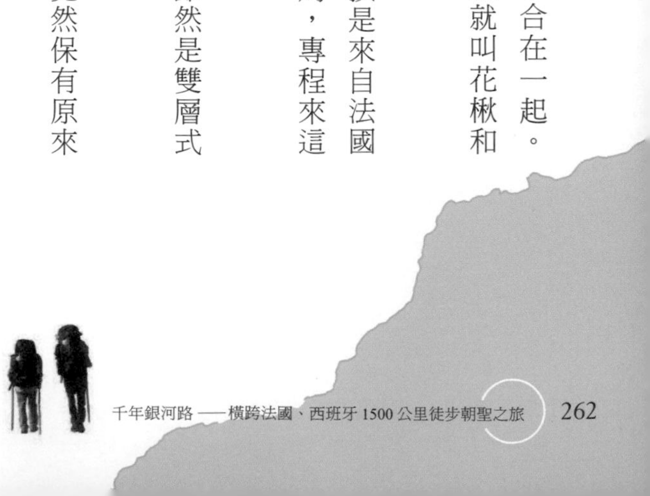

菲力跟我本來要繼續剛才的話題，一轉頭，卻發現瑪麗的媽媽側轉身去，偷偷地拭淚。我們不敢再多講什麼，輕輕地說聲「待會兒見」以後就離開。

在等待開飯的空檔，無事一身輕的兩人坐在客舍前的休息長椅上，看男主人整理預備做果醬的野生果子。花楸和月亮興奮地在爸爸身旁，邊玩邊幫忙。

瑪麗的媽媽走了過來。似乎已收整好情緒的她，坐下來之後說起一家人的情形。先生是專業表演工作者，又唱歌又演戲；大女兒目前則在泰國上班；小女兒瑪麗也離家很久了。她是在走聖地雅各路線時，曾經在這家客舍打工一個月，後來在朝聖步道的終點站認識了葛瑞特。當花楸和月亮的爸爸打電話給瑪麗，問她有無意願再來此地工作，這一對年輕的戀人就決定一起過來。

瑪麗的媽媽滿臉笑意地聊著自己的兩個女兒，她很高興看到孩子們都有自己的路。只是，在那彷彿表示欣慰的語句裡，愚鈍如我也聽得出一位母親的寂寞與思念。

菲力當然也聽懂了。他開始說到自己在二十多歲時決定到台灣學中文，爸爸媽媽那時候也有一些反應和舉動，尤其是母親。

「我是老么，可是是家裡第一個離開法國這麼遠的孩子。」菲力笑著說道。

「我是長女，唯一住在外國的孩子，現在每年要飛一萬公里回去看父母。」我也加上了自己的故事。

是啊！這世界上有沒有不離家的孩子？在我們眼前蹦跳嘻笑的花楸和月亮，十多年後，是不是也要出發去走自己的路呢？

西班牙．皮埃洛斯

原來我們都有一個母語的故事

「花楸和月亮」的早餐時間，葛瑞特一個人為大家服務。那一對騎單車朝聖的義大利夫妻，早早就向大家說再見，什麼都沒吃就上路；一位西班牙男士只吃了優格，便揹上大背包和我們揮手互祝順風。不一會兒，餐桌上就只剩下另一位西班牙先生和我們。

「我們常常是最早起床，最後出發的。」菲力笑著說道。「不急啊！要不要再添點咖啡？」葛瑞特慢條斯理地環視一圈，看看我們有什麼需要。

昨晚並沒有多說話的西班牙先生，今早似乎也不急著趕路，他主動聊到自己是加利西亞人，也就是我們即將進入的加利西亞（Galicia）地區的居民，而加利西亞地區的首府就是聖地雅各。

「當然，比起其他人，我們住得離聖地雅各比較近，但是走朝聖步道，這又是另一回事。」接著，話題一轉，他說到加利西亞有自己的文化特色，包括語言也和一般所知道的西班牙語不一樣。

「不過，我小時候在學校不能說加利西亞語，會被老師處罰。」看來年紀比我們稍稍年長的西班牙先生咧嘴一笑，面對其他人詢問的眼神，他又肯定地點點頭。坐在他對面的我不禁聯想到自己的經驗，好相像哦！

「甚至到現在，我還是可以感覺得到加利西亞語被歧視、被壓抑，必須以西班牙語為尊的社會氣氛。」

本來忙著照料我們的葛瑞特，這時也坐了下來。在聽到這一番話之後，開口說起自己的經驗：「我父母那一代也經歷了這些事，在學校只能說英語，不能說威爾斯語。那是個說母語會被處罰的時代。」

原來葛瑞特來自英國，即大不列顛及北愛爾蘭王國西南部的威爾斯（Wales）。而且經他一說，我才知道所謂的英國，並不是人人都說英語。

「雖然我這一代不會因為說威爾斯語而被處罰，而且現在的我會說威爾斯語、英語、德語、西班牙語和法語，但是，每當我腦子裡在翻譯外語時，我還是先連結到英語，而不是威爾斯語。」葛瑞特牽牽嘴角，有點無奈地說。

這話觸動了我，點點頭說我懂，因為我在解譯外語時，也是先連結到中文，而非台語。我們小時候所接受的學校教育都不是以母語傳授，葛瑞特是英文，我是中文，它們成了我們認知世界的工具語言，超越了母語的應用範圍。

「當然，比起英語人口，講威爾斯語的人是少數，可是，我覺得自己必須把這種語言傳下去。因為，」葛瑞特頓了一下，「在語言裡，包含了文化！」

一直靜靜聽著的菲力點了點頭。他以前就告訴過我，真羨慕我可以從小就在雙語的環境裡長大。阿公阿嬤和爸媽教我台語，學校、電視教我中文，再加上布袋戲和歌仔戲讓我學會台語字詞的讀音唸法，豐富極了！

「我爺爺奶奶和外公外婆會說法國北方的方言，我爸爸媽媽會聽但是不說，結果我這一代就不會說了，只聽得懂幾個詞彙而已。」菲力曾經如此遺憾地嘆惋。

我回想起很久以前，在台灣某個探討語言、文化相關議題的研習場合，有位原住民與會者的發言讓我印象深刻。這位從小就對自己身為弱勢族群感受深刻的女孩，她說：「文化無高低，但是有強弱。」而文化的強弱，最明顯的例子就表現在語言的地位高低。

有學者說，世界上的語言數量，一直在減少。那麼，我的母語會不會消失呢？是不是每個母語為弱勢語言的人都會想到這個問題？如果像葛瑞特所牽掛的，當母

語火種熄滅的時候，所有的文化軌跡也跟著被風吹散，像是那些絕種的動、植物一般，那這到底重不重要呢？

越來越靠近

西班牙．比耶爾索自由鎮、特拉巴德洛、拉拉古納、歐塞伯雷羅

日日前行，一路向西。進入西班牙之後的第三十五天，一直覺得自己走得很慢的我們，突然在閱讀指南時察覺到一件事，咦？好像……好像剩下不到兩百公里！如果一切順利的話，也許再過十天，我們就將抵達聖地雅各，啊！哈利路亞！

也許是太興奮了，結果走到半路才猛然想起：「我們忘了收衣服！」只好折返。才剛走近「花楸和月亮」，就看到葛瑞特坐在屋前，端著一杯咖啡對我們微笑。有點不好意思地對他說我們忘了一些東西，他點點頭。

終於要重新出發，葛瑞特用同樣的誠懇笑容對我們說再見，「當然，如果又發現忘了什麼，還是可以再回來喝杯咖啡。」這位威爾斯男孩說道。

上路後，我們捨棄比較直接、但是沿著公路走的「正式」路線，選擇了較長、可是較寧靜的山路，一直走到下一個小鎮，比耶爾索自由鎮（Villafranca del Bierzo）。站在山坡步道上，居高臨下地俯瞰位於山谷底的城，菲力開玩笑地說：「看！我的祖先蓋的城市。」書上說這地名源於中世紀時本地住了很多法蘭克人的緣故，而他們確實是法國人的遠祖之一。一路下到谷底抵達市中心時，我也半開玩笑地告訴菲力：「看這些壯觀的城堡和大大小小的教堂，你的祖先確實厲害！」

吃過午餐後上路，在十字路口等綠燈時，路過的汽車駕駛看我們張望的樣子，馬上放下車窗玻璃，對著我們喊：「對！對！步道從這邊走！」

其實並沒有迷路的兩人，只好裝出被拯救的表情，大聲用西班牙文道謝。人性本善或本惡，見仁見智，但是在前往聖地雅各的路上，我們當然要向那些愛護朝聖者的善意致謝。

晚上在小村特拉巴德洛（Trabadelo）的公營朝聖客舍過夜。團體房裡有一對德國母子，小男孩名叫馬利安納，才六歲。客氣有禮的媽媽說，他們明天要走到下一個村子去搭計程車，因為回程機票訂好了，沒辦法真正走完全程到聖地雅各去，必須加快。

另一位室友是丹尼爾，義大利人。為了洽商去過台灣的他，知道高雄，坐過高鐵。

「台灣的高速火車很新奇！」他說。

新的一天降臨，我們在上路後的第一個村子，果然又遇見比我們早出發的馬利安納和他媽媽。他們坐在酒吧咖啡館外頭的位子上。

「奇怪，已經過了四十五分鐘了，怎麼沒有來？」馬利安納的媽媽擔心地說。

菲力跟我也點了咖啡，坐下來陪他們一會兒。不久，有輛車子駛了過來，卻沒有TAXI的字樣牌子。馬利安納的媽媽看到那駕駛下車後的模樣，對我們說希望這不

小小的教堂，大大的心意。

是預約好的計程車。

「應該不是啦！看！他只是來喝咖啡而已。」我出聲安慰。

十五分鐘後，那位先生喝完咖啡推門而出，走向我們表明身分。就是他！他就是約好一個小時前要來的計程車司機。馬利安納的媽媽臉上表情複雜極了，牽著孩子的手，拿起背包向我們道別。菲力跟我也懷著祝福的心情，揮手目送他們離去。

我們也要繼續前行了，在沒有預訂住宿地點的情況下，一村又一村地往前，看自己的體力可以走到什麼地方。

下午走到第九個小村拉拉古納（La Laguna）時，兩人覺得如果那家唯一的朝聖客舍有位子的話，我們就停。忙得團團轉的服務人員，在既要照顧酒吧餐廳又要接待住宿客的情況下，對站立在櫃檯前的我們視若無睹。在等了十五分鐘還不知道有無空位之後，我們決定繼續往前走。

又走了一點九公里的山路後，今天的第十個村子終於在望，歐塞伯雷羅（O Cebreiro）。以傳統茅草頂老屋出名的它，據傳在第九世紀時就是朝聖步道上的要站，是個擁有千年以上歷史的名村。

一入村，就看到那位單獨帶著兩個小男孩朝聖的韓國媽媽對我們揮手，相遇好幾

1 別擔心，聖地雅各直走就是，先去吃點東西吧！

2 看不懂西班牙文嗎？不要緊，記住最下面的詞彙就好 ：「朝聖者菜單」

次以後，我們都記住彼此的臉孔了。熱情地互相用韓文的問候語打招呼後，韓國媽媽好心地指著朝聖客舍的方向，用英語說：「趕快去！人很多。」

果然，客滿。可容納一〇四人的團體房床位，完全訂光，毫無空位。我們只好轉而尋求價位較高的民宿或旅館，而且在滿街都是揹著背包的朝聖客壓力下，第一個說有空位的地方，我們馬上說好。入住之後才發現房間位置不佳，氣氛幽暗潮濕，一推開窗，外面的草地上有被丟棄的麵包和垃圾。

幸好出門吃晚餐時，在餐廳又遇見了前陣子認識的義大利五口之家和一位魁北克老先生。互相交流最近的心得及趣聞後，讓我們的心情提振不少。

每一天都是新的日子，大清早六點多我們就整裝完畢去酒吧咖啡館吃早餐。唯一在這個時刻開門營業的那一家店，裡裡外外都是人，我們也走了進去。

只有一位服務人員，而每一張桌子上都堆積了凌亂的杯盤及殘餘雜物。看看左右，顯然摸不著頭緒的不是只有我們，朝聖客們彼此觀望，不知如何是好。菲力問我：「還是要在這裡吃早餐嗎？」「下一個有咖啡館的村子，指南說要走五點七公里才到，空肚子上路不太好。」

菲力點點頭。兩人勉強找了個位子坐下來，趁著服務的女士走過來時，菲力開口用英語問可否吃早餐。掛著一臉的僵硬線條，顯然疲於奔命的她丟來一句：「我沒時間！」

兩人愣住，坐在我們旁邊一位不知國籍為何的男士也聽傻了，和我們互望了幾秒。最後，三個人都站了起來，離開那個混亂成一團的地方。在寒涼的氣溫中，穿著羽毛衣的我們揮別了名村歐塞伯雷羅。

走了一個多小時之後，終於到達小村孔德薩醫院（Hospital da Condesa）。那家獨一無二的酒吧咖啡館，顯然也被朝聖者大軍「攻陷」了。我們看到老闆夫婦和一位服務生迴旋於櫃檯前後，陀螺般地在咖啡機和每桌的客人之間轉動。

早餐，有！一人三歐元，沒得選擇，只有一種：一杯牛奶咖啡加一片麵包，旁邊放著絕對違反環保原則的一小塑膠盒奶油和一小塑膠盒果醬。吃不吃？當然要吃。趕緊在有人吃完離開時搶先坐下來，再猶豫我就沒體力重新上路了。

正在慶幸自己有座位，而且蒙天眷佑，也成功地向老闆娘點了兩份早餐，不安的饑腸終將得到安撫時，菲力跟我的眼光同時望向端著兩個盤子走向我們的服務生。不料，說時遲那時快，有另一桌比我們晚到的夫妻，竟然站了起來，把那兩盤早餐攔截過去。服務人員無奈地又走回廚房去，我們則是又好氣又好笑地望著那兩位不知是什麼國家的朝聖客。

中午在小小村落豐夫里亞（Fonfria）休息，坐在村子尾的餐廳吃午餐時，我們又回想起今天上午的早餐插曲。

「記不記得有民宿主人說過，朝聖步道就像人生？」我問菲力。

一邊點頭一邊用麵包片沾抹盤子上的醬汁，菲力說：「對！恐怕越靠近聖地雅各，越讓人有這種感覺。」

西班牙・特利亞卡斯特拉、阿巴爾薩

環保民宿和老栗樹

原本預計要到特利亞卡斯特拉（Triacastela）過夜。在地圖上看來約莫像個大一些的村落，但是功能齊全的它，除了有眾多的住宿選擇，還可以買食物、提款，甚至有藥房及健康中心的服務。

進村以後，走在長長的主街上，一家又一家的朝聖客舍、民宿、旅館羅列兩旁，而且各家門前都站著老闆或員工來招呼客人。這是我們在朝聖步道上，第一次感覺自己走入一個觀光勝地。菲力跟我在驚訝之餘，決定繼續往前。

又走了兩公里之後到達一個小聚落阿巴爾薩（A Balsa），根據指南資料，這裡有

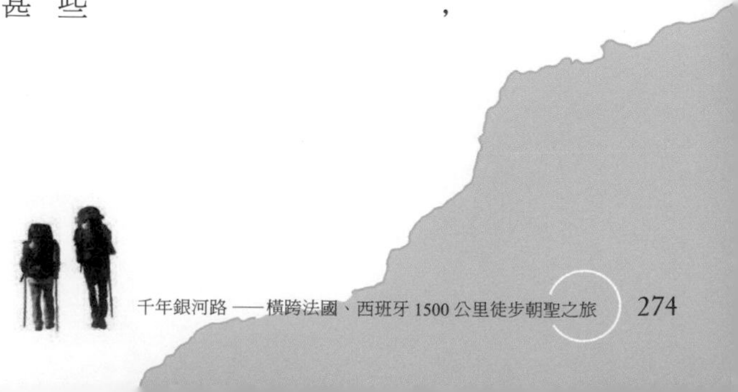

一家環保民宿。

「歐拉！」和男主人打了招呼。正在進行房子翻修工作的他，隨即用英語告訴我們，原來這是一棟年代久遠的老屋，他和妻子正在慢慢地整理中，目前有團體房可供朝聖客住宿。

不久女主人也出現了，懷裡抱著女兒，六個月大的克麗絲緹安娜。說英語帶著義大利腔的女主人，一邊哄著孩子一邊請一位工作助手帶我們進團體房，同時介紹環境。

為什麼強調是環保民宿呢？首先，這裡的餐飲只提供素食，其次浴室和廁所的所有清潔用品都是環保產品，包括給客人使用的沐浴乳，還有洗衣服用的肥皂。

相逢於朝聖步道，進而相戀、結婚。他，來自荷蘭；她，則來自義大利。兩人找到這個只住了幾戶人家的聚落，攜手共創家園。擁有一般義大利人爽朗健談風格的女主人，稍後向我們簡介了自己的生命故事。

依山而建的民宿老屋，後方有好多棵姿態穩實，年齡想必達數百歲的老栗樹，呼應了我們最近幾天遇見的老樹印象。看來加利西亞地區是個珍貴的老樹之鄉，特別是栗樹。尤其教人喜歡的是，民宿主人在靠近屋子的這幾棵老栗樹下，放了好幾個吊床和吊籃，並且布置了木桌、木椅，讓客人可以休憩，還可以吃晚餐。

記得以前曾在台灣的咖啡館，看過有店主安置吊籃的巧思。而今天傍晚看到的吊籃，竟是懸掛在好幾百歲的老栗樹懷抱中，更使人覺得氣氛寧靜、和諧極了。當我看到女主人抱著克麗絲緹安娜走來，坐在吊籃裡，一面慢慢搖晃一面柔聲唱著歌給偎在她胸前的女兒聽時，心裡真有走入童話中幸福國度的感動。好美，真的。

西班牙・阿巴爾薩

天哪！我的腳……

在這家擁有夢幻魅力的環保民宿，菲力跟我前後排隊洗了澡，等待愉悅的晚餐時刻來臨。

照慣例，沐浴之後便是我照顧雙腳的時間。把所有用品一字排開，酒精、消炎藥膏、化妝棉、保護貼布、OK繃、潤膚霜都放好，每天早晚各一次的護理儀式便可以展開。

先把腳擦乾。這兩天，我的右腳中指的水泡一直無法消退，儘管我已經用針刺破一次，並且消毒保護，水泡還是又出現。今天早上我在照顧這根趾頭時，心想貼上一塊護片，也許更有幫助，至少可以繼續前進。現在洗好了澡，我要清潔水泡

並且換一片新的護片。

小心翼翼地掐住護片的一小角，準備拿起它來照顧那脹了兩天的水泡。才剛一動手，趾頭皮膚就傳來極輕微的一個觸覺反應。咦？黏住了？那柔軟、半透明而且具有黏性的護片，好像並沒有在我淋浴時降低黏性，它仍然緊貼住水泡。

「那怎麼辦？」我心頭一驚，掐住護片的指頭不知如何反應。

「還是要把水泡弄乾淨啊！」這念頭才剛閃現，我的指頭又稍稍移動了幾公釐。太遲了！這魔鬼般的軟膠護片居然吸住我的水泡皮膚，護片是拿掉了，可是連皮撕起！啊！甚至大水泡裡的液體還同時噴出，濺上我自己的小腿。

痛到腦筋完全斷線的我，一抬眼看到身旁的菲力嘴巴張著不知在說些什麼，隔了兩秒才聽清楚：「小心！小心！不要弄髒，消毒一下。」回過神來之後，又低頭看自己的趾頭。哇！被撕掉的皮膚面積，已經大到連腳指甲的右下側根部都裸露出來了。

「可是我們只有酒精……。」我咬牙擠出這個句子。腦中兵荒馬亂之際，還是同意了菲力的提議。

來吧！滴了幾滴酒精在傷口上。啊！連咬牙的力氣都沒了，這殺菌的液體讓我放下一切的矜持，不顧身在團體房的現實，接受自己身體所傳出的所有觸覺訊息。上天！我痛，我痛，我痛……。

這樣的呻吟當然引起了團體房其他朝聖客的注意。一位老太太跑過來看，接著馬上叫她先生拿出自家的醫護包來。重新回到我身邊後，她展示自己的腳，用英語說：「水泡應該這樣做，妳把它刺破後，留一條線在裡面，這樣才不會復發，等它乾就好了。」已經疼痛到咬牙咧嘴的我，一邊捧著自己的腳，一邊聽她解說，口中哼哼嗡嗡地回應。

老先生帶著醫護包走過來，望了一下我的腳，便從包裡拿出一小瓶消毒藥水來。「我常常跑馬拉松，腳趾頭受傷是家常便飯。這個藥水消毒效果很好，您用瓶蓋刷子刷幾下，就可以把藥水放上去了。」他用法語解釋了一番。見我無法動手的模樣，老先生好心地又說了，「對，這藥水會『刺』一下下，您要我幫忙放，還是您自己動手？」

菲力伸手接過藥水，連聲道謝之後，問我要不要自己做。快痛暈的我，低聲說好。來，預備！顫抖地將藥水瓶蓋拎起，尾端的小小塑膠平面刷上沾濡著一些紅褐色液體。是小時候受傷時，學校護士用的紅藥水。好，第一刷！

「啊！啊！啊！」我又捧著自己的腳呻吟起來。

不知過了多久，準備做第二刷。只是這一次我不叫了，緊咬住下唇，安靜地刷了自己的傷口，然後全身發抖地用雙手捧住右腳掌。護士般陪在旁邊的菲力趕緊伸出手來幫我扶住身體，維持平衡。

晚餐時間到了，民宿的工作人員向大家宣布。菲力請其他人先開動，不用等我們。年輕女孩安娜跑來看我，還用手親切地摸摸我的臉頰，問：「要不要去吃飯？」

「謝謝妳，我包好腳趾頭以後就去。」

等到痛楚稍微減弱，腦神經比較鎮定一點以後，我跟菲力一起加入了吃晚餐的行列。餐桌上大家互相交流走朝聖步道的心得，氣氛融洽，不過除了我們之外，全部的人都說義大利文。

借我紅藥水的那位老先生，和善地擔任我們的翻譯。他笑咪咪地安慰我：「您知道嗎？大家都在談關於腳的問題。」

西班牙・薩利亞

薩利亞求醫記

「怎麼辦？我還可以繼續走嗎？」在心裡自問自答了無數回合之後，終於做出決定：「不行，我必須先看醫生。」

菲力當然也以我的健康為優先考量，而這附近唯一可看病的地方是十幾公里外的薩利亞（Sarria），也是我們原本預計要走過去的目的地。煩請民宿女主人打了電話訂計程車，一顆忐忑的心才放了下來。

隔天上午，說好早上十點的計程車，「果然」不會在預約的時間出現。我們從「並不意外」等到「有點擔心」，再到「非常擔心」，只好又麻煩一次女主人以電話催請。終於，在十一點半看到計程車的蹤影。運匠大哥下了車，臉色有點不高興，逕自跟民宿夫婦聊了起來。從他的手勢跟表情，我猜他說的是自己在星期天還必須工作的委屈。

畢竟還是讓我們上了車。我那因為疼痛和包紮而腫脹一些的右腳掌，可以省去一天的行程，得到暫時喘息的機會，真是值得慶幸。

一出聚落唯一的小公路，沒想到竟遇上一位農民正要趕牛去附近的草坡。一群約莫二十多隻的牛，再加上兩隻狗，散成了一支長達數十公尺的隊伍，佔住了所有的路面，兩個方向的步行者、單車客及車子都得讓步。

我們的司機大哥快發瘋了，左手撐頭靠在車窗上，右手頻頻拍打方向盤，不停地嘆氣。他自己可以遲到一個半小時，卻不能忍受一群牛擋住去路。為了解除這沉悶的氣氛，菲力開玩笑地用英語說：「這些牛牠們也要去薩利亞嗎？」

「喔，不，牠們要去聖地雅各！」運匠大哥氣憤地說。

「哈！哈！哈！」坐在後座的我儘管腳痛還是笑了起來。

好不容易，牛群終於抵達目的地草坡，最後一隻牛也從一個灌木叢的缺口進了牧草地，所有的人和車子才又動了起來。我們的司機先生也恢復了正常狀態，計程車速度加快，越來越快。而原先我以為是為了等牛才使用的行動電話，卻一直沒離開他的手。更厲害的是，他不但邊開車邊打電話，而且是左右開弓，打兩支！

我挪挪身子，偷瞄一下車速表，快要一百，咦？剛剛閃現的交通標誌好像是限速七十公里不是嗎？嗯，摸摸自己的胸口，安全帶已經繫好，那我還可以做什麼？祈禱？

就在菲力跟我都伸出手緊抓住車窗上方的扶把，屏息地把自己的生命交給駕駛座上的大哥時，又有一件事讓他煩了起來。原來是前面那輛轎車。看車牌，也是一輛西班牙車子，但是可能是外地的西班牙人，所以在這陌生的山路上謹守限速。這讓我們的大哥很不以為然，他猛踩油門，好幾次想超車又沒成功。為了表示他的不滿，他緊緊咬住前車的尾部不放，上天！我都看得見那坐在後座的人穿什麼衣服了！

時間滴答，就在幾個轉彎之後，我們的司機大哥終於等到一小段的直路。好，超車！車速表指針開始往一百一十公里移動，眼看都要飆到一百二了，終於，終於把那台慢吞吞的烏龜車甩開。

其實，我發現司機大哥也不是完全不遵守限速。當公路旁的牌子說明該開五十公里時，他也會很守規矩地放慢，只不過他每次都會自動往上添二十公里。牌子寫七十，他就開九十；危險連續彎路該開五十，他老人家就調降到時速七十公里。看吧！安全第一。

我們的計程車隸屬於一家專為朝聖客服務的公司，所以一路上都會繞到各家朝聖客舍去收託運行李。抵達薩利亞之後，毫無困難地就讓我們找到一處有位子的客舍，Albergue Mayor。

男女主人都非常親切，房間、浴廁也很乾淨，廚房及休息區安排得宜。我跟菲力總算可以安頓下來，思考未來的步驟。討論了好久，心情有點低落。懷疑走朝聖

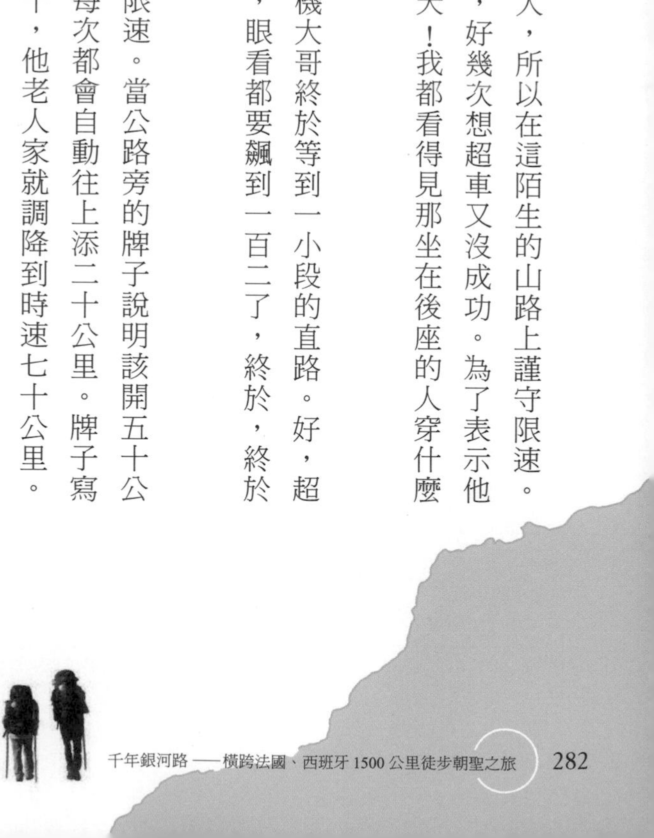

步道的意義何在，懷疑自己是否還能以這樣的狀態再度上路。

「好！不管怎麼樣，明天先去看醫生，然後想想要不要換鞋子。」最後還是必須由我來做決定，因為是我的腳一直出狀況，菲力都沒有什麼問題，連水泡的困擾也極少見。

薩利亞有醫院，就是指南上所稱呼的健康中心。先掛號再排隊等候看診，單子上註明是第十八號診間，我們掛到的預定時間是九點四十五分。

等待的人不少，護士忙碌地進進出出。從九點三十分開始等候，一直到十點多還沒輪到我們。不過，有時候在法國或台灣看醫生也會這樣，可能有些病人情況特殊，醫生必須花更多時間來看吧？

到了十點半，有位比我們早來的老太太也等到起了疑心。她走向我們，主動拿起我手上的掛號單看了又看，滿臉狐疑地用西班牙文說了好幾句話。菲力跟我看著她，在完全聽不懂的情況下，只能努力地用身體語言讓她知道我們也不明白是怎麼回事。

另外有一位包著花布頭巾的老太太，在每次護士開門時，她便著急地迎上前去詢問，可是每次都落空。最後一次當護士又告訴她一些話後，她滿臉浮現尷尬又卑微的神情，黯然地離開。望著她微駝而緩慢離去的背影，教人心裡不自禁地難過。

奇怪，這裡不是掛號看診嗎？那位老太太到底遇上了什麼困難？

心神回到我自己的處境，掛到九點四十五分的我，到底要等到什麼時候才能見到醫生呢？答案是十一點十分。

進了看診間，才發現我們原先以為的護士，其實就是醫生本人。只見她既要看診又要接聽電話，還得親自去叫喚輪到的病患，一人全包，實在辛苦。總算醫生安頓就位，開始照料我。可是她一開口問問題，困難就來了，因為她只說西班牙語，不說英語也不說法語，怎麼辦？

「OK！OK！」她不慌不忙地在電腦鍵盤上敲打了幾下，然後把螢幕轉向我們。啊！是某網站上的翻譯軟體，她打西班牙文，另一邊就出現法文，太方便了。

拜科技之賜，我們總算用網路的翻譯工具來瞭解彼此的意思。在明白了我們看病的原因及憂慮後，醫師替我檢查了右腳中指，確定沒有感染的現象。呼！終於讓我們鬆了一口氣。

接下來是安排護理照料。領了診斷書，再三道謝後出門，我們走到大樓另一頭的護理區去。等候了半個小時，一位金髮的中年護理師開門叫喚我的名字。進了護理房，問候，交出診斷書，坐上護理檯。護理師戴上手套，檢視傷口，清理，包紮。

也許是護理師的氣質親和，動作專業又溫柔吧？我在被照護時，忍不住開口用雜揉了英語、法語、西班牙語的方式，告訴她這一路上我已經掉了一、二、三，三片腳指甲，現在又加上這個，唉！事實上，護理師跟醫師一樣，只說西班牙語，但是她似乎都聽懂了，滿眼同情地對我說：「可憐的女孩！」

真不好意思，剛過五十歲生日的我，當然不是被稱呼為「女孩」的年齡啦！可是，這樣一句體貼的安慰話語，卻仍能將我的心熨得暖暖的。

傷口處理完畢之後，菲力開口詢問護理師，我的狀況是否可以繼續走朝聖步道。「啊！可以，可以，沒問題。」透過一位會說法語的工作人員幫忙翻譯，護理師肯定地點頭回答。

「那麼，可以穿健行登山鞋嗎？」

「嗯，拖鞋或涼鞋，像你今天穿的就可以，登山鞋也許會壓到趾頭，會痛！」她指指我腳上的夾腳拖鞋說明。

第一天的過程順利結束。依約，第二天早上八點多我們又去掛了號，九點多輪到我。同一位護理師在清潔了傷口之後，加上了紅藥水。我們試著再請教穿登山健行鞋的可能性如何，她說OK，沒問題。

每次參觀修道院，中庭迴廊似乎總是讓我流連忘返（薩利亞）。

低頭一看，原來走道地面的石子是用馬賽克手法拼成的（薩利亞）。

第三天，在檢查、包紮完畢之後，她說：「好，已經完全沒問題了。傷口乾多了，你們可以上路了。」從桌上拿起一片方形的膚色護片，裁剪成四長條後交給我，又說：「我給你們這個，每天用肥皂洗好傷口，乾了以後，貼上。四天之後，你們就可以到聖地雅各啦！」一說完，她露出了一個微笑，用西班牙文對我們說：

「¡Buen Camino!」

在這三年的朝聖之旅中，我們曾經走過幾處傳說有聖母瑪利亞顯靈神蹟的地方，而在薩利亞，似乎沒聽說過有聖母降臨。確實，愚鈍如我不敢奢盼瑪利亞垂憐，不過，我倒是堅信自己在這裡遇見了一位慈祥的白衣天使。

西班牙・梅爾卡多依羅、波爾多馬林

再度上路，再度就醫

離開薩利亞的清晨，下雨了。雨勢略高於毛毛雨的等級，但又不至於讓人不想出發，倒是一屋子的朝聖客似乎因這雨而變得安靜。出城走了兩公里多之後，步道延伸進入森林裡。時時可見樹身壯碩的老樹，身形高昂的大樹，因為雨，整座森林散發出一股肅穆的氣氛，沒有人再高聲談笑。

走在我們前方，有位身材高大、穿著皮製涼鞋的先生，身上罩了一件純紅色的長雨衣。這樣的色調在稍顯幽黯的森林裡，實在教人不能忽視，我一看見他，心裡便想到了某些小說、電影裡的人物。穩步健走的他，拄著一根長手杖，一個人靜默前行，沒多久便像一位來自另一個時空的紅衣長老，飄然走入雨中的森林，消逝在步道盡頭。

指南上稱呼我們今天的行程路徑是「加利西亞之心」，因為一路上經過的村落保留了加利西亞地區豐富的塞爾特（Celt）文化特色。

塞爾特，或稱克爾特，是歐洲的古老文化之一。在西元前五到前三世紀，塞爾特文化的鼎盛時期，塞爾特人分布的範圍包含了今日歐洲的一大部分，甚至遠達小亞細亞。雖然後來歐洲以基督教文化為主流，但是塞爾特文化始終沒有滅絕，它

濃霧中，大樹們顯得特別神祕。

仍然以神話、傳奇、考古遺跡和古物等等方式活躍在許多歐洲地區，例如今日的愛爾蘭、英國的威爾斯、法國的不列塔尼半島等等，當然也包括了眼前我們實地踏步的西班牙加利西亞地區。

根據學者專家的研究，塞爾特人對於超自然現象、死亡以及死後的世界，有他們獨特看法，和當今受基督教文化影響的歐洲人並不相同。

「好像塞爾特文化對於大自然特別有親近的感覺，又有點神祕……」望著那漸行漸遠的紅雨衣身影，我頓時覺得周遭的老樹們都幻化成一個個的精靈，向我悄悄地展示了神話世界的祕密。除了森林，今天一路上經過的村子也都有引人注目的老樹，有的已經有超過五百年的歲數了，教人崇敬。

「看！這好像就是本地人貯存玉米的設備。」在對照了指南上的圖片後，我們肯定了自己的猜測。加利西亞人在採收玉米後，將收穫放在一種磚造或木造的瘦長型小倉庫裡，彷似迷你小屋的倉庫屋頂上還立有小十字架。

一路飽嘗了加利西亞文化特色之美，不過在走了十八公里後，我的腳又發出訊息：是休息的時候了。

小聚落梅爾卡多依羅（Mercadoiro）的民宿，團體房裡有一扇可欣賞夕陽的大窗，庭院的大草地上，一棵枝頭上結實纍纍、地上落果無數的無花果樹昂然卓立。黃昏的光線將周遭環境暈染成柔美的摻金紫灰色調，撫慰了我帶傷前進的焦灼心情。

隔天清晨沖澡後卻仍然拿不下薩利亞護理師給我的膚色護片，心情又糾結成一團。啊！趕緊上路去下一個小城尋求協助吧！

走了六公里後終於看到大河米紐（Miño）對岸的波爾多馬林（Portomarín）。這個創建歷史可遠溯至第十世紀的小城，在一九六二年因米紐河氾濫而被淹沒，目前的城是搬遷後的新地點。不過，老城部分則是本地居民一石一石從原鄉舊址搬移過來的。怎麼做呢？本地文史資料告訴來客：以老城數座中古世紀創立的教堂為例，每一塊石材都編了號碼，搬運到地勢較高的現址後，再將它們組合起來。如此費心費力，終於做到能夠重現原汁原味的古建築風貌。

深具加利西亞特色的玉米倉（卡斯特羅美爾，Castromaior）

多麼希望我走到這裡來，只是為了領略本地人重建家園的動人故事，但是殘酷的現實是我必須先去藥房再去看醫生。親切的藥師讓我坐在一張椅子上，然後仔細端詳我的右腳中指。

「嗯，應該可以把這護片拿下來，但是要非常、非常小心。」聲音溫和的他做出判斷。

大概是我滿臉怕痛的猶豫神色讓藥師不忍動手，他從口袋裡拿出一把美工刀交到我手上。來，自己動手吧！不知花了幾分鐘，慢慢地又撕又切之後，終於把護片取了下來。啊！天哪！我的趾頭皮膚一片死白，逼得我自己都得移開視線。

「好！」擁有專業素養的藥師當然沒有什麼驚慌的神情，他俯下身來，又是一番仔細端詳。結論是：我應該在洗澡前拿下護片，而且不該貼著護片睡覺。因為在睡袋裡溫度高，讓它變得如橡膠融化一樣，當然就黏住皮膚啦！

謝過藥師，也買了宣稱無刺激性的紅藥水及彈性繃帶之後，菲力跟我又去了本地的聯合健康中心。原本一直隱身於後頭辦公室的櫃台服務人員讓我掛了號。輪到我時，醫師先問了一些基本問題，可是一點英文都不講。這也不構成困擾，西班牙人大概已經習慣接待來自世界各國的求診朝聖客了。只見她不慌不忙地拿出一張備有英文翻譯的單子，上頭印了幾個問題，例如：你有沒有過敏的問題？有無

對任何藥物過敏？有無糖尿病？

問完後，讓我坐上看診檯，醫師檢查了我的受傷趾頭，確認沒有細菌感染的現象。接著叮嚀我要繼續塗抹消炎藥膏，但是不要再貼膚色護片，只要每天做好清潔工作，擦上藥膏，包紮好就可以了。

道謝以後走出健康中心，原本焦慮的心情逐漸平靜下來。知道趾頭沒有被細菌感染，讓我大大地鬆了一口氣。走到教堂旁邊，在長椅上坐下來定定心神。「你記得前天薩利亞的護理師交代過我，萬一有問題要看醫生，要記得本地的健康中心是下午三點關門？」

「是啊！幸好今天路程短，我們早上就到了。」

「可憐的朝聖客，一邊帶傷走路一邊還要看手錶，跟跑銀行的人一樣。」我邊說邊表演，像個喜劇演員般，做出誇張的求診姿勢，「別關門，我來了！」

被我逗得笑彎了腰的菲力，邊咳嗽邊揮手，「不！不！」他好不容易才止住笑意說：「應該是，別關門，我的腳來了！」

在路上

西班牙・歐波爾圖、梅利德、阿蘇亞、奧佩德羅索

根據指南，從我們目前所在的波爾多馬林走到聖地雅各，只剩下九十四點四公里。「照我們的速度來算，應該再五天，甚至四天就可以到了！」兩人都有點不敢相信自己的眼睛。無論如何，在確認我的腳趾頭無細菌感染之虞後，隔天清早我們又再度出發，繼續西進。

在這最後倒數的一百公里，步道上的人明顯多了起來，尤其是團體的出現，更讓人感覺自己正走在某一種隊伍當中。不同的語言及膚色，但是目的地相同。

歐波爾圖（O Porto），迷你小聚落，過夜的朝聖客舍名為A Calzada，都是以單一字母為名稱的開頭。老闆親和、不多言，可是整體環境照顧得清爽宜人。隔天清晨五點多醒來，同寢室裡已經有人在準備背包。六點剛過不久，一對西班牙夫婦和兩位德國小姐就推門出發。天色仍然漆黑，他們都戴著頭燈上路。

「這霧真濃！」天亮後才啟程的我們，沒想到竟有一路的濃霧相伴。在經過教堂墓園時，氣氛十分肅穆懾人，特別是見到霧中的大樹時，我連呼吸動作都放輕了。下午的天氣則是一百八十度大轉換，西班牙的招牌艷陽再度出現，朝聖客們一村

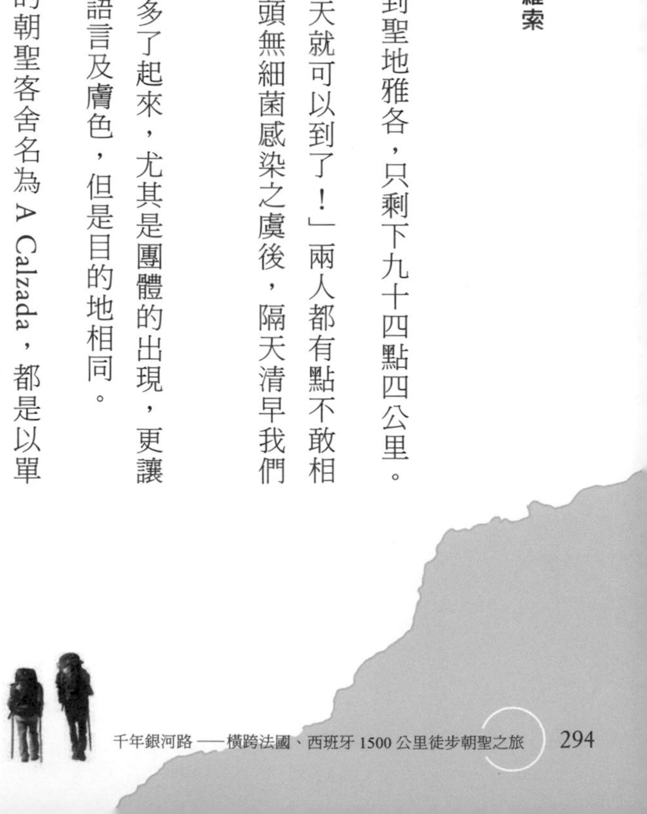

一村地走，也一村一村地尋找蔭影。我們在路上巧遇一位獨自朝聖的韓國小姐，她在路旁的樹下微微喘氣，還打開一小罐維他命C，自己吃也請我們各吃了一錠。

「戴帽子防日曬比較好喔！要不然實在太熱了。」菲力跟我都提出了建議，因為看她由於不戴帽而曬得滿面通紅的模樣，兩人忍不住提出忠告。

「我去年已經走過一次了，」她微笑地嚥了一下口水，「花了二十九天，從法國的聖讓彼德波走到聖地雅各。可惜沒時間走到大西洋邊的菲斯特拉（Fisterra）去，所以今年我又來了，從頭到尾再走一次。」一說完，還露出一個大大的笑臉。

真的？只剩下五十五點五公里？

我們趕緊尷尬地說出自己的敬意，真是不可思議，七百九十點五公里的路程才花了二十九天！看起來不像是運動健將的這位小姐，走得比我們手上某一本朝聖指南的作者快，後者設計的行程是三十三天。

除了歐波爾圖，我們又在梅利德（Melide）、阿蘇亞（Arzúa）和奧佩德羅索（O Pedrouzo）各過了一夜。這三、四天來，在路上遇見的朝聖者中，最讓我印象深刻的是有一個說英語的四口之家。由於腳程接近，我們幾乎每天，甚至每個休息用餐的地點都會遇見他們，其中的母親和兩個兒子，他們不論是走路或是坐下，一直都不停地說話，語氣強硬、眼神冷峻地說話。最安靜的是那位父親，而且，只有他會對人微笑。

除了人，我們還遇見好幾回，中文正名為桉樹的尤加利樹林，讓菲力頗感興奮。「這是我第一次看到尤加利樹！」他邊撫觸樹身邊微笑地說。

「真的？我倒是從小就記得這種樹的氣味，因為苑裡的老鎮公所旁邊就有種。」我也仰頭看樹。這裡的尤加利長得真高啊！而我童年記憶中的尤加利樹們則是已經消逝無蹤，隨著鎮公所的拆遷，它們和日本時代的老鎮公所一齊自苑裡的地景中永遠消失了。

「明天，真的就到了？」在奧佩德羅索的朝聖客舍裡，我有點癡呆地在心裡想著。

高聳的尤加利樹

大大的團體房裡有些微細的聲音。住宿的朝聖者們被細心的工作人員各自安頓在不同的角落位置，雖然沒有真正的隔間，但是因為床鋪的多方向擺放，讓大家不會尷尬地面對面睡覺。

已經洗過澡也吃了晚餐的兩人，和其他的朝聖者一樣準備休息。

「你們快要成功了，要加油哦！」在鑽入睡袋以前，我輕輕地拍撫著自己的腳背，對著珍貴的雙腳，心裡響起了這樣的聲音。

西班牙・拉巴克拉、聖馬可斯、聖地雅各

聖地雅各到了！

天未亮，一批一批的朝聖客便已出發，似乎面對這最後一段的路途，大家都有點迫不及待。陰天，早上的天色硬是明朗不起來，步道一離開奧佩德羅索村子就進入森林，彷彿黑夜再度降臨似的。這時終於明白，西班牙人為什麼要用大大的黃漆箭頭來協助朝聖者。

邁步、邁步、邁步，前方竟有飛機起降的聲響傳來，原來是聖地雅各的國際機場，離步道不遠處便是飛機跑道。再往前走，小城拉巴克拉（Lavacolla）在望。據說中世紀的朝聖者會在此停留，沐浴洗滌，整理儀容之後再進入聖城，因此留下地名中的 lava，含有「清洗」的意思。

「我們也學點古人的精神吧！」在教堂前的兩人想到地名中的含意，也就依例掬了飲水台的涼水，又擦臉又擦脖子，讓自己看來少點風塵僕僕的氣息。

繼續前行，還有十點二公里。先是尤加利樹林又來相迎，再經過小城聖馬可斯（San Marcos），我們連午餐都只吃點餅乾後就上路。聖地雅各市景在前方又隱又現，忽隱忽現。我的雙腳彷彿已不是由大腦指揮，它們竟像是有自己的意志，主動跨邁，毫不遲疑。

手杖篤篤地響，菲力跟我安靜地前行，儘管前前後後都有朝聖者，但是感受不到什麼阻礙。每個人都在走自己的路，聖地雅各等待著我們每一個人。

「啊……」前方，前方那牌子，上頭寫著大寫字母SANTIAGO，就是了？

是真的，我們即將抵達聖地雅各，正式進入它的行政領域。看！興奮的不是只有我們，那地名牌子上貼滿了各式各樣、不同文字的貼紙，雜亂如同都市塗鴉，但是，每個人都雀躍無比地奔向它，跟它合照，包括我們。上天，請容我記下這個時刻：二〇一四年九月三日，下午一點十五分，我用雙腳走到了聖地雅各。

我們真的到了！（聖地雅各）

來了一群老人觀光團，說著義大利語的導遊熱心地幫我跟菲力拍了合照，又問我們的國籍。

「法國。」「台灣。」我才剛一說完，導遊先生露出一臉的驚嘆表情，讓我趕緊補充了一句：「我不是從台灣走過來的！」

進入市區，步道仍然繼續伸展，引領朝聖者慢慢步入聖城的核心。

「至少還有三公里。」我在心裡默數指南地圖上的距離，同時察覺右腳大趾頭又傳來疼痛的訊息。「等一下，我要照顧腳。」喊住走在前頭的菲力，兩人在車流不息的公路邊找地方坐了下來。「加油！加油！快到了。」菲力對著我的腳打氣，好像它們是疲憊不堪的賽馬似的。

再度上路，在聖地雅各地形起伏的市中心裡穿街過巷。身處二十一世紀的我們，用自己的肉身，履踐著千年來朝聖者行踏過的路徑，一步一步走向聖雅各安眠的所在。

終於，終於走到了老城區，大教堂就在前方聳立著。

「別慌，別慌！」我在心裡興奮地安慰抖顫的自己。那個在二〇一二年夏天於樂普依翁韋萊啟程的我，真的做到了？我真的走完一千五百二十二公里來到了聖城？上天，我不敢相信。

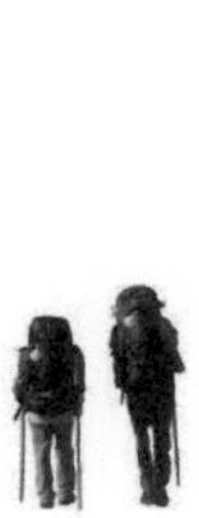

感謝那位沒留下姓名的德國自助旅者，他不但為我們拍下抵達大教堂的那一刻，還對我們說「恭喜！」（聖地雅各）

頭上是澄淨的藍天，腳下是古老的石板，大背包在後，手杖在前。到了，大教堂到了！大廣場上都是人，朝聖客、觀光客都有，徒步的、騎單車的，大家都依循地上的黃銅扇貝步道標誌，從大教堂的後方右側引導到了大教堂前方的廣場。

廣場這麼大，人又這麼多，我的眼睛一下子竟然不知道要往什麼方向注視。前方這棟大建築應該不是教堂，那麼，聖雅各大教堂應當是……另外一側囉？彷似被一股無形的力量牽引，菲力跟我一齊轉身面向大教堂。

「啊！」讚嘆的好像不是只有我們，在我身旁的許多人也都仰頭注視著眼前宏偉的巴洛克建築。

數秒之後，「哈！哈！哈！哈！」是菲力跟我相視而笑的聲音。

對不起，我們實在太放肆了。趕緊掩嘴，向聳立於數十公尺高的聖雅各石雕像致歉。位於大教堂正面中央上方的聖雅各，仍然保有我們一路上所看到的典型裝束，戴帽、持杖，望向遠方。

只不過，除了聖雅各雕像的周邊之外，大教堂的正面包含左右兩座大鐘樓，完全被密密麻麻的鷹架包覆。愣了好幾秒的朝聖者，像我，一下子從滿心被神聖力量鼓舞的狀態，被迫調整成接受大教堂施工中的事實，控制嘴角線條的神經系統才會臨時有點錯亂。

換個角度，看廣場上的遊客和朝聖者嗎？其實，我是被光吸引了……（聖地雅各大教堂）

無論如何，還是要在底片膠捲上留下這個重要時刻，一向只拍幻燈片的兩人，開始互拍。感謝上蒼，三個夏天的徒步之旅，我們終於平安抵達聖地雅各。

找到住處，放下大背包，接著要去做一件非常重要的事情。是的，身為朝聖者在聖地雅各的必做大事，第一件就是……領證書。

排了長長的隊伍，等待了大約一個小時。人龍中又遇見幾位認得的朝聖者，大家互相微笑致意，交流旅途上的心得。每一位排隊的朝聖者，臉上都有某種光，一種不須言語、互相瞭解的喜悅之氣。

1 即使不能看見全貌，大教堂建築的許多細節也值得細細觀賞。

2 雖有鐵柵欄，大教堂仍是對眾人開放的。

進入西班牙後，提供朝聖章蓋印的地方就更多了，看！右下角的那個章，就是「酒泉」的朝聖章。

右下方「花楸和月亮」的章較大，只好躺下來。

西班牙人的藝術天分似乎也表現在朝聖章上面。

Omnes dies et noctes quasi sub una sollempnitate continuato gaudio ad Domini et apostoli decus illic excoluntur. Valve eiusdem basilice minime clauduntur die noctuque et nullatenus nox in ea fas est haberi atra (cf. Ap 21,25) quia candelarum et cereorum splendida luce ut meridies fulget. (Códice Calixtino)

El Cabildo de la Santa Apostólica Metropolitana Catedral de Santiago de Compostela sita en la región occidental de las Españas a todos los que vieren esta carta de certificación de visita, hace saber que:

LI-LING LIU-CHEVALÉRIAS

ha visitado la Basílica donde desde tiempo inmemorial los cristianos veneran el cuerpo del Beato Apóstol Santiago.

Con tal ocasión el Cabildo llevado del deber de caridad al tiempo que con gozo le dan al peregrino el saludo del Señor y piden -por intercesión del Apóstol- que el Padre se digne concederle las riquezas espirituales de la peregrinación así como los bienes materiales. Bendígalo Santiago y sea bendito.

Dado en Compostela, Meta del Camino de Santiago el día 3 del mes SEPTCHBRE del año 2014

Despues de realizar 1515 KMS Desde LE PUY EN VELAY
donde comenzó el 12 de JULIO del 2012 por la ruta del CAMINO FRANCES.

Segundo L. Pérez López
Deán de la S.A.M.I. Catedral de Santiago

這份證書是精細版的，出發和抵達的日期及地點，選擇的路線，還有路途的總長度都被記錄了。

輪到我們了，室內櫃檯後坐著好幾位義工，電子看板上顯示著可前往的櫃檯編號，我們走向一位胖壯的先生。留著大鬍子的他親切地招呼我們，在接過兩人的朝聖簽章手冊後，又讓我們在統計表格上各自寫下姓名、年齡、國籍、居住地、職業、動機、抵達方式等基本資料。

「這是一般的證書，你們希望另外再申請個人化的證書嗎？」當然願意，菲力跟我欣然說好。幾分鐘後，兩人捧著四份證書坐在朝聖客接待中心外的石凳上。

「哦，原來我們走了一五一五公里，不是一五二二公里。」我看到個人化證書上所標示的里程數，顯然與別的資料不同。

「沒關係，可以確定的是我們走了至少一千五百公里。」菲力滿足地微笑。

陽光下，凝視著寫有自己的英文姓名，分別以

1 在聖地雅各大教堂前，品嘗聖城的招牌甜點，確實別有一番滋味。

2 即使您無法走朝聖步道，聖地雅各還是歡迎每一位來到的旅者。

拉丁文和西班牙文書寫的精美文件，聯想到從小至今領過的許多證書。眼前開展在我手上，有著仿古羊皮紙色澤的它們，是我生命旅途中，第一次用雙腳換來的證書。

西班牙．聖地雅各

朝聖彌撒

放下朝聖證書，另外一件重要，甚至最讓走到聖城來的眾人心頭牽繫的大事，便是參加朝聖彌撒。

中午十二點開始進行儀式，當我們在十一點四十分進入大教堂時，不但沒有座位，連站立的空間都剩下不多了。奇妙的是，人數這麼多，但是不顯吵，在神的殿堂裡，好像人自然變得安靜。

主要以西班牙文為主的彌撒，在流程中穿插了其他語言的禱詞。唱聖歌、神父講道、信徒領聖體等，看著看著，小時候在苑裡天主堂眼見過的回憶又浮現心頭。只不過，四十年後的我當下所站立的位置，竟然是在一處聖徒永眠的地方。

參加彌撒的眾人站起、坐下、站起、又坐下，儀式持續進行著，終於，點燃大香爐的時刻到了。

1 大香爐祈福應該是朝聖彌撒中最令人期待的時刻。

2 大香爐的藍煙飄過朝聖者的頭頂上方時，我猜，每個人都流下了眼淚。

3 大香爐緩緩緩緩地靜止下來⋯⋯

所有的朝聖者都屏息注視，所有的手機同時舉起，一個個明亮的小螢幕，彷彿正在等待一個曠世巨星降臨。啊！我的心也跟著跳動加快，準備相機，換長鏡頭的手微微顫抖，同時，眼睛眨都不敢眨地盯著那開始冒出藍煙的大香爐。許多穿著長袍的修士齊力把已經點燃的大香爐，用一根粗繩慢慢慢慢地拉高、拉高，然後開始前後搖擺。漸漸漸漸地，搖擺的弧度開始加大，一直到飛越過所有朝聖者的頭頂上空。

所有的人都抬頭仰望，每一條視線都被大香爐牽住，去、回、去、回；每一顆心都沐浴在瀰漫著焚香的氣味中，無聲無息地鼓脹；每一雙眼睛都不敢閉上，即使淚水流瀉如泉，身體因這神聖的時刻而顫動，呼吸因激動而急促，也要睜開雙眼，讓自己一輩子不會忘記這樣的瞬間。

數十秒之後，大香爐漸漸縮小搖擺弧度，緩緩緩緩地回到靜止狀態，然後被一直繫掛著它的粗繩，一寸一寸地降低高度回到它原來懸垂於大教堂聖壇前方的位置，負責拉動它的修士們再度齊力把粗繩緊緊地綁在固定的地方。大香爐靜定如山，一切沉寂下來，焚香的煙也悄然無聲飄向教堂的穹頂，一絲一縷地消散。彷彿一場夢境，大教堂裡鴉雀無聲，過了一會兒才漸漸有人細微低語，眾人甦醒。

彌撒結束之後，我們又加入了一條排隊的長龍。在四周都是宗教建築瑰寶的大教

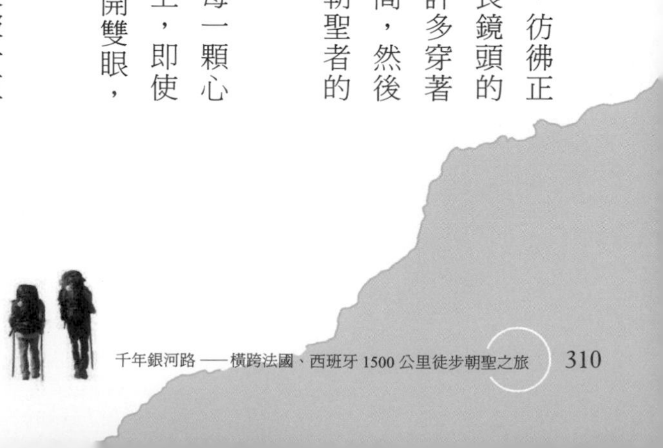

堂中殿裡，兩人的心思都不再顧念等待的時間，不知不覺就快輪到我們了。

拾階而上，我看到在神龕狹仄的空間裡，右側坐著一位年長的神職人員，左側則是聖雅各的金身雕像。排在我前面的朝聖者們一個一個地站到老修士和聖雅各金身的中間，從後方抱住聖雅各，親吻他，然後再從另一邊的台階走下去，把位置讓給下一位朝聖者。

終於輪到我。往上跨一步，站到聖雅各的背後，張開手臂，跟前面的人一樣擁抱他。金身很高大，若不是教堂的安排，讓朝聖者站在神龕內部這個空間裡，我們是不可能環抱聖雅各雙肩的。讓我沒想到的是，當我一碰觸到金身，眼淚立刻就不由自主地奔流。明明是雕像，卻彷彿有人身的溫暖和柔軟，一抱住他，自己的身體竟顫動起來。淚眼迷濛中，只覺得聖雅各的頭、肩在我臉頰旁邊金光漫溢。

時光暫停，腦海裡什麼都不記得，卻又什麼都浮湧出來。心裡彷彿有一束光芒亮起，我終於明白自己為什麼要走到這裡來。

原來，自己需要的正是這樣一場超越語言，不由語言傳達的傾吐。

只有短短數秒，靠在聖雅各的耳畔，我竟然說出了自己漫長年月的心聲。

西班牙・法國

告別聖城

在聖地雅各停留了三晚後，終於到了別離的時刻。第四天早上十點多的火車，就要將我們載回法國去。

最後一夜的睡眠呈現浮沉狀態，大教堂的報時鐘聲不時在夢中響起。儘管如此，大清早在生理時鐘的叫喚下，菲力跟我仍舊自然醒來。拉開窗簾，不會吧？下雨？這一個多月來幾乎日日見晴的旅途，居然在最後一天逢上雨水。

穿上防水外套，為大背包套好雨套，兩人出發往車站的方向前進。跟平日不一樣的是，我的健行登山鞋並不在腳上，而是收藏在大背包裡。今天要坐十一個小時火車的我，讓雙腳得到喘息的機會，改穿海灘夾腳拖鞋，解放了那幾根還包著紗布、OK繃的腳趾頭。小心翼翼地握緊兩根手杖，眼睛盯著路面上不規律的石板。聖地雅各雖美，我倒不想在此滑倒回不了家，畢竟只是過客一名。

先走出老城，再經過長段的下坡路，終於抵達火車站。時刻表上列明十點十八分的火車，果然並未準時出現，不過，倒也沒遲到太久，它還是來了。乾淨、寬敞，行李架比法國高鐵的寬，這些優點讓人馬上忘記先前的等待，極放心又放鬆地坐了下來。

玻璃窗外的月台上，旅客來來往往，不少人跟我們一樣是背包上掛了扇貝的朝聖者，偶爾眼神相觸時，總會有一絲笑意浮出。大部份人眉頭都是舒展的，這大概是在別的大火車站比較少見的現象。

車廂輕輕「匡啷！」一聲，月台慢慢移向後方，還有那些即將出發或剛剛抵達的人們也一齊慢慢地遠離我們。

「再見了，Santiago……」我在心裡默默道別。

「走，去喝杯咖啡吧！」菲力提議。

1 花莖高大可達二點五到三公尺，而且花色亮麗的蜀葵，別稱是：教皇的玫瑰。
2 藥用蜀葵，別稱是：聖雅各的手杖。

餐飲車廂極好，不設座位，只有觸感舒適的流線型木頭長桌，配上大大的玻璃窗，讓人可以手握一杯香醇的現煮咖啡，凝視窗外風景。

「真高興不是高速火車。」平常在法國坐TGV，除了不敢低頭看書怕頭暈之外，我也只能看遠景，不能看近景，因為都被高速的效果刷成一片模糊。

在火車規律的微晃韻動中，這五十天來的西班牙山水又似影片倒帶般地在我們眼前播放一次。窗外加利西亞的森林、山巒、峻谷，或秀逸或壯麗，看似遙遠卻又如此貼近，連我的皮膚都憶起了那曾經出現過的冷冽和汗濕。

看！我們曾經用腳走過的幾座大城和小鎮，又來到了眼前。還有，那遼闊無盡的麥田，甚至，在綿長不止、毫無遮蔭的小徑上，有人正在前行！那幾枚人影不就是前些日子的我們嗎？那一回又一回的乾渴灼熱，我們都克服了？此刻身處歸途火車中的我覺得這一切都太像夢境了。

十一個小時的車程，菲力跟我進出幾次餐飲車廂，彷彿一眨眼的工夫，竟然就到了西班牙國境內的最後一站：伊倫（Irun）。

下一站就是法國的昂代（Hendaye），終點站。

跨出車廂，時間剛過晚上九點三十分，我們又回到法國來了。身邊的乘客們，其

實人數已剩不多，而且大半都是朝聖者。月台上有點冷清，車站大廳裡也沒什麼人，售票室更早就關閉。這個時刻已經沒有由此出發的列車，電子看板上顯示了只有一班從馬德里和一班從里斯本來的跨國火車即將抵達。

整個車站只有一位工作人員露臉，而且神色冷淡。我看到有兩位從馬德里來的外國旅客碰了釘子，因為唯一的旅館客滿，他們拉著行李箱問了那位先生，可是似乎沒有得到什麼協助的模樣。

菲力跟我並沒有語言的隔閡，但是也沒有先預訂過夜的地點。怎麼辦？首先是必須買好明天回家的車票。站在售票機前忙了一陣，兩人確定了明早六點四十五分那一班TGV，先到波爾多，換車後就可抵達里爾，是最便宜也是最單純的，因為可以避開去巴黎轉換車站的奔波。

好，就買這一班，兩個人，票價……兩百五十一歐元！天，我們今天早上從聖地雅各到這裡，兩個人不到一百歐元，法國物價怎麼這麼高啊？不容多想，反正非買不可，而且車站即將關門，警衛人員已經準備要鎖上大門了。

「先生，請問這附近有什麼旅館？聽說只有一家，是嗎？」

「對！火車站前只有一家，其他都在市區那邊，要搭計程車過去。不然，你們也可以去西班牙那邊看看。」

乍聽警衛先生的回答，我心裡以為是玩笑話。什麼？回去西班牙找旅館？

沒想到是真的。夜涼如水，火車站前的街道寂冷一片，連剛才從馬德里來的受困外國人都不見蹤影。菲力跟我好不容易在那家客滿小旅館旁的餐廳，唯一有人影晃動的地方，問了一位本地人。

「你們去西班牙那邊看看，對你們來說比較方便，走路就可以到。」他好心地建議，說是有兩家旅館，應該有位子。

「不遠，您往前直走到大路那兒，左轉，先上坡再下坡，然後過一座橋以後就到西班牙了，馬上就看得到旅館。」

謝過之後，菲力跟我開始找路。一開始有點摸不著頭緒，直到看見路牌指示著西班牙方向才安下心。等到長橋出現，啊！果然法國、西班牙的國界河就在那兒。懷抱著又緊張又好笑的心情，早上從聖地雅各回來法國的兩人，一步一步地又走回去西班牙。下了橋，右轉穿過公園綠地，往亮著旅館招牌的方向走。有一對青年男女坐在長椅上聊天，我們向他們問候了一聲 hola。他們在親切回應之後，補了一句：「或者是 bonjour ？」四個人一齊大笑。

什麼？又客滿？啊？只剩一間單人房，不能租給兩個人？聽到櫃檯人員的解釋之後，排在我們前面的一對男女便轉身離去。另外有兩位更早來的老先生則是等著

辦入住手續，等到他們拿著鑰匙上樓之後，接待處就只剩菲力跟我。

櫃檯先生又把剛才說過的話複述一次。

「先生，我們是步行過來的，這麼晚了，我們沒辦法一家一家地去找旅館。」菲力懇切地說。其實，就算走路去找，也沒有地方可住。先前櫃檯先生已經幫前面的人打過電話問了附近的同行，一家客滿，一家沒人接聽。

「先生，我們是朝聖者，今早才從聖地雅各坐火車到昂代，那邊旅館也客滿，我們真地無處可去了。」我也開口了。

櫃檯先生的臉色似乎有了一點變化，他仍然說著那是一間單人房，很小。

「沒關係，比起睡在街上好多了。我有睡墊，床可以給我太太。而且明早五點多我們就會離開，要去昂代搭火車。」菲力又一次說明我們的處境。

終於，他沉吟了一會兒之後站起身來，「房間很小，你們先看一下吧！」

啊！謝天謝地。是的，房間是不大，但是，這不是重點。可以洗澡，可以睡在屋子內，這才重要。

這三年來陪伴我們走過一千五百公里的手杖。

半夜十二點三十分才躺下的兩人，在清晨五點多刷牙洗臉之後，上路走回法國。黑夜依舊，昂代車站內卻十分熱鬧，不是只有我們才來搭火車。

一邊準備車票一邊望見不遠處站著一位獨自旅行的朝聖者。原來就是剛才在我們走出旅館時，向我們打招呼的那位男士。

一個小時前，在彼此都不知道對方國籍、來處、去處的情況下，菲力和我以及這位先生，只憑藉自己眼中的來者模樣，很自然地依照這五十天來的習慣，如同每一位朝聖者會做的，互相道了一聲：「¡ Buen Camino !」

聖雅各，拿著手杖的祂，同時也是歷來朝聖者的形象（聖地雅各大教堂）。

這是一場充滿隱喻與象徵的旅程嗎？也許，在人生旅途中，每一位與我們相逢又離去的人，不認識或認識，我們所能奉上的就是一聲：¡Buen Camino！一路平安！

國家圖書館出版品預行編目資料

千年銀河路：橫跨法國、西班牙 1500 公里徒步朝聖之旅 / 劉麗玲文字 . 攝影；車菲力攝影 . -- 初版 . -- 臺北市：沐風文化出版有限公司 , 2021.09
面； 公分 . -- (輕旅行 ; 9)
ISBN 978-986-97606-6-9(平裝)

1. 徒步旅行 2. 朝聖 3. 法國 4. 西班牙

746.19 110013269

輕旅行 009

千年銀河路

橫跨法國、西班牙 1500 公里徒步朝聖之旅

作　　者　劉麗玲（文字、攝影）、車菲力（攝影）
責任編輯　陳胤慧
封面插畫　Hui 酸
封面設計　職日設計 Day & Days Design
內文排版　ivy_design

發 行 人　顧忠華
營 運 長　許天祥
出　　版　沐風文化出版有限公司
地　　址　100 台北市中正區泉州街 9 號 3 樓
電　　話　(02) 2301-6364
傳　　真　(02) 2301-9641
讀者信箱　mufonebooks@gmail.com

總 經 銷　紅螞蟻圖書有限公司
地　　址　114 台北市內湖區舊宗路 2 段 121 巷 19 號
電　　話　(02) 2795-3656
傳　　真　(02) 2795-4100
服務信箱　red0511@ms51.hinet.net

排版印製　龍虎電腦排版股份有限公司
初版一刷　2021 年 10 月 初版一刷
定　　價　420 元
書　　號　MT009
I S B N　978-986-97606-6-9

Printed in Taiwan